Alexander Drozdzynski
Jiddische Witze und Schmonzes

Alexander Drozdzynski

Jiddische Witze und Schmonzes

Mit Zeichnungen von
Szymon Kobylinski

Bechtermünz

Genehmigte Lizenzausgabe für
Weltbild Verlag GmbH, Augsburg
Copyright © by Wanda Drozdzynski
Umschlaggestaltung: DYADEsign, Düsseldorf
Umschlagmotiv: Szymon Kobylinski
Gesamtherstellung: Pressedruck, Augsburg
Printed in Germany
ISBN 3-8289-6930-5

2004 2003 2002 2001

Die letzte Jahreszahl gibt
die aktuelle Lizenzausgabe an.

Inhalt

Vorwort 7
I. Typisch Jiddisches 25
II. Von Rabbis und Wunderrabbis 61
III. Juden und Gojim 91
IV. Getaufte Juden 119
V. Aus der westlichen Welt 129
VI. Jüdische Typen 155
VII. Die »Weisen« von Chelm 191
VIII. Jüdische Eulenspiegel 207
IX. Schmonzes 215
Personenregister 235

Vorwort zur aktuellen Ausgabe

Sie werden lachen, ich lebe weiter

Seit 20 Jahren lebt Alexander Drozdzynski nicht mehr, er starb am 17. Februar 1981, aber ist er wirklich tot?
Ungeachtet der Tatsache, daß er mein Vater ist und in mein Herz eingeschrieben, treffe ich immer wieder auf Artikel, Anekdoten und Geschichten, die mit seiner Person als »Humorspezialisten« zu tun haben. Er liebte es nun mal, in Gesellschaft zu sein und zu unterhalten. Da mein Vater auf einem Ohr sehr schlecht hörte, nutzte er oft die Situation, um vollends die Aufmerksamkeit der Zuhörer auf sich zu lenken und niemanden zu Wort kommen zu lassen, aber das Publikum wurde reichlich belohnt. Drozdzynski, das wußte man, kannte jeden Witz, jede neue Variante und jede Interpretation.
Es gab welche, die gewettet haben, daß sie es schaffen würden, ihm einen neuen Witz zu erzählen. Ich war zugegen und sah das sportliche Feuer in den Augen meines Vaters. Er ließ seine Opfer nur bis zur Mitte kommen, und zerstörte dann ihre Hoffnungen, indem er ihnen die Pointe aus dem Mund nahm. Damit nicht genug: um seinen Sieg auszukosten und die Verlierer zu quälen, holte er noch einmal zu einem kurzen historischen Abriß über die Entstehung des Erzählten aus.
Nun, so war er eben, ein wenig besessen von seiner Humorsammlung und stolz auf sein enormes Gedächtnis. Doch wie bei jedem guten Clown und Komödianten war ein Teil in ihm unendlich traurig, da hatte niemand was zu suchen, da ließ er sich nicht in die Karten schauen, und wir wissen nicht, ob er nicht an dieser Traurigkeit gestorben ist, so jung und viel zu früh: 56-jährig. In diesem Jahr jedoch wird ein Buch von Alexander Drozdzynski wieder aufgelegt und all die Fans, die beklagen, daß ihre letzten Exemplare der »Jiddische Witze und Schmonzes« ausgeliehen und nie

wieder zurückgekommen sind, können sich freuen. Diejenigen, die noch nie einen »Drozdzynski« besessen haben, bekommen nun ihre Chance.

Köln, den 01. November 2000
Lidia Drozdzynski

Vorwort der ursprünglichen Ausgabe

Der jüdische Humor und der jüdische Witz sind fast so alt wie die Geschichte der Juden. Wenn wir die Bibel durchblättern, werden wir dort die ursprünglichen Elemente des jüdischen Witzes finden, der später in aller Welt so berühmt wurde. Zweitausend Jahre Diaspora und Verfolgung haben dazu beigetragen, daß sich bei den Juden, von Generation zu Generation, eine Begabung entwickelt hat, in jeder Situation komische Momente zu finden, und auch die ironische Betrachtung aller Erscheinungen und Formen des Seins. Der Witz wurde mit der Zeit eine Art Waffe in den Händen der schwachen, verfolgten und schutzlosen Juden. Nichts schwächt doch den starken und gefährlichen Verfolger so wie seine Verspottung. Jahrhunderte sind vergangen, doch die Lage der Juden hat sich kaum verbessert. Sehr oft aber verschlechtert. Doch die Tradition des jüdischen Witzes und Humors wuchs, mit seiner spezifischen Atmosphäre, volkstümlichen Couleur und charakteristischen Traurigkeit.

Jüdischer Humor und Witz beschränkt sich nicht auf bloßes Wortspiel oder Situationskomik, obwohl er auch auf diesen Gebieten unschlagbar ist. Seine spezifische Eigenschaft besteht vor allem in der charakteristischen Präsentation jüdischen Lebens und jüdischer Sitten, gewürzt mit einer Prise philosophischer Betrachtung.

Die Pointe des jüdischen Witzes, lesen wir in der Enzyclopedia Judaica, ist schicklich geendet und oft zusätzlich mit einer »superpointe« versehen – einem klugen und anspruchsvollen Anhang, der einen spezifisch jüdischen Aspekt unterstreicht. Obwohl die humoristischen Motive einen universellen Charakter tragen, gibt es im jüdischen Witz weniger Situationshumor als in den nichtjü-

dischen Witzen. Im jüdischen Witz finden wir mehr vom verbalen Humor, in dem kluge Riposten, Wortspiele, »gelehrte« Interpretationen der Worte und Sätze, wie auch Scherze und Dusselgeschichten eine große Rolle spielen.
Im jüdischen Humor finden wir viel Selbstironie, die Verspottung des Schicksals des »auserwählten Volkes« (Oh, lieber Gott, konntest Du nicht ein anderes Volk wählen?), der jüdischen Eigenschaften, der Frömmigkeit und der Freidenkerei, der Reichen und der Armen. Aber vergebens werden wir im jüdischen Humor Spuren von Haß finden können, er ist gutherzig und tolerant, angesichts menschlicher Schwächen, auch den Feinden gegenüber.

Der traurige Unterton und die Enttäuschung in vielen jüdischen Witzen ist auf den dauernden Kampf ums Überleben in einer fremden wie auch entfremdeten Umwelt, die noch meistens feindlich war, zurückzuführen. In den jüdischen Witzen finden wir so oft den typisch jüdischen unheilbaren Optimismus, daß es besser wird, daß ein Jude immer einen Weg findet, der ihn aus schwierigen Situationen bringen wird, die Hoffnung, daß es doch eine bessere Zeit und Welt gibt. Auch die Tendenz, Sorgen und Kummer zu mindern, ist ein wesentliches Element des jüdischen Humors. Ein Sprichwort sagt: »Wenn die Sorgen alle plagen, ist es nur halb so schwer.« Auch das Thema der reichen, der erfolgreichen und der einflußreichen Juden ist kein Zufall im jüdischen Witz. Dies ist ein Versuch der Identifizierung des einfachen, verfolgten Menschen mit denen aus seinen Reihen, denen es gelungen ist, etwas zu erreichen.

Wir erwähnten schon, daß der Ursprung des jüdischen Humors in der Bibel zu finden sei. Diese Elemente der Bibel wurden lange übersehen. Erst im 20. Jahrhundert haben einige Forscher konsequent versucht, das Alte Testament aus dieser Sicht zu analysieren. Man fand humoristische Elemente, Fabeln, Gleichnisse und Weisheiten. Ich möchte hier nur einige erwähnen: Hat denn die Geschichte Jakobs und Esaus nicht den Charakter eines Streichs?

Oder die Geschichte, als Rahel die Götzen ihres Vaters stiehlt, oder als Laban durch Lust zu Vermögen kommt, oder wie der Prophet Elia die Baalpriester verspottet. Ähnliche Elemente finden wir bei den Propheten Jesaja, oder als Hosea die Götzendiener ironisiert und sagt, daß »die Menschen opfern und die Kälber küssen.« Es gibt eine Reihe Autoren, die sich mit dem Problem befaßt haben, wie, z. B., B. Werner, J. Chotzner, O. Eisfeldt oder Ziegler.
Wenn wir bei der Bibel von Elementen des Humors reden können, so kam der Anfang der strahlenden Karriere des jüdischen Humors und Witzes mit den großen heiligen Werken des Judentums der späteren Zeit, wie Talmud und Midrasch. Die Entwicklung der jüdischen Philosophie in der Periode der Entstehung der beiden Talmuds ist zugleich die Zeit der Blüte des jüdischen Humors in Form einer philosophischen Parabel mit humoristischem Ton. In den Büchern des Talmuds, des Babylonischen wie auch des Jerusalemischen, sind zwei Stoff-Gattungen enthalten. Die erste ist die Halacha, ein Vortrag und Kommentar aller religiösen, rechtlichen, ethischen und Lebensvorschriften. Die zweite – Agada – ist eine ethische und poetische Interpretation der heiligen Schrift, wie auch der Vorschriften und Kommentare der Halacha. Eben die Agada operiert mit der philosophischen Parabel, die mit Humor und amüsanten Pointen versehen ist. Viele dieser Agada-Geschichten sind ein Bestandteil des klassischen Repertoirs ewig aktueller jüdischer Witze und Anekdoten. Und über die beiden Gattungen des Talmuds sagten vor Jahrhunderten jüdische Gelehrte: Wenn die Halacha ist das Brot, so ist die Agada der Wein der Weisheit.

Eine ähnliche Schatzkammer des jüdischen Humors wie der Talmud ist der Midrasch, das große Werk der kommentatorischen rabbinischen Literatur. Es wurde durch viele Generationen der Gelehrten bearbeitet und im 11. Jahrhundert in Babylonien vollendet. Genau wie im Talmud finden wir im Midrasch agadische Gleichnisse und Weisheiten.

Diese beiden fundamentalen Werke haben auch eine spezielle Art des philosophischen Denkens, eine spezifische Form der Kasuistik entwickelt. Dies wurde zum wesentlichen Element des jüdischen Humors und Witzes. Tausende hervorragende Witze verspotten diese Art der talmudischen theoretischen Diskussion, die Pilpulistik genannt wird (vom hebräischen Wort Pilpel – Pfeffer). Hier hat die wissenschaftliche These immer einen Untertext, die Diskussion verlangt im dialektisch-talmudischen Streit die Schlagfertigkeit und den Scharfsinn, die sich im Angriff und Abwehr der Argumente ins Paradoxe entwickelt. Hier liegt das Fundament nicht nur der talmudischen Haarspalterei, sondern auch des jüdischen Witzes und Humors. Die Weisheit ist voller Reflexion und Betrachtung, Zweifel und Spott. Alles nach dem talmudischen Motto: »Besser ein Körnchen Pfeffer als ein Korb voll Kürbisse.«

Seit dieser Zeit beginnt die eigentliche Entwicklung des jüdischen Humors und Witzes. Sie wurden von den schweren Verhältnissen des jüdischen Lebens gestaltet, aber gerade diese Bedingungen haben unabhängig von der Intensität der Verfolgung den Witz geschärft, bereichert und neue Erfahrungen zugefügt.

Einer der bekannten Forscher des jüdischen Humors, Edmund Edel, äußerte sich darüber, daß »das spezifische Kennzeichen des jüdischen Witzes in der Selbstironie und Elegie, eine Folge der tragischen Schicksale des jüdischen Volkes« sei, »die ihrerseits auch wiederum den Witz der Juden, als mächtigste Waffe des Schwächeren, geweckt und geschaffen« habe. Jüdischer Humor und Witz wurden nicht in der Isolation, weder von den allgemeinen Problemen des Judentums, noch vom Leben in den Ländern, wo die Juden lebten, entwickelt. So haben die humorvollen Geschichten und Parabeln, Witze und Weisheiten im Mittelalter mystische und scholastische Elemente enthalten, sie wurden vom folkloristischen Humor beeinflußt, des arabischen, spanischen, deutschen, französischen und polnischen. Anderseits hat der jüdische Humor in viel größerem Maßstab seinen Einfluß auf die Humoristik verschiedener Länder ausgeübt.

Der Verfasser der umfangreichsten Anthologie des jüdischen Witzes, der israelische Folkloreforscher A. Drujanow (Sefer habedicha wehachidut, Tel Aviv, 1937), hat darin viertausend Witze analysiert. Nur in 350 Fällen hat er Parallelwitze oder Ähnlichkeit feststellen können. Der Verfasser dieses Buches hat vor Jahren per Zufall in einer Sammlung südslavischer folkloristischer Geschichten eine Ähnlichkeit mit einem jüdischen Witz über die Weisen von Chelm entdeckt. Man kann auch solche Fälle in der deutschen und italienischen Folklore finden.

Im Prinzip aber ist der jüdische Witz unverwechselbar und unübertragbar, weil das typisch Jüdische sich nicht übertragen läßt. Ich möchte hier nur ein Beispiel zitieren. Dies ist eine Zusammenstellung zweier Personen in einer identischen Situation und ihre Reaktion.
Hervorzuheben ist, daß es sich hier um einen Schmonzeswitz handelt:

Im k. u. k. Österreich kam ein Rittmeister der Husaren zu einem Freudenmädchen. Als er seinen Besuch beendet, geht er ohne zu bezahlen zur Tür. Das Mädchen sagt:
»Herr Rittmeister, und das Geld?«
Darauf der Offizier:
»Entschuldigen Sie, ein Rittmeister der k. u. k. Armee nimmt für Liebe kein Geld.«
Versuchen wir, uns in derselben Situation einen Juden vorzustellen. Er würde darauf antworten:
»Geld? Ich nehm kein Geld, aber a gut Gläsele Tee kann ich trinken.«
Diese Reaktion ist für einen Juden typisch und ist unübertragbar.
In der goldenen Ära der jüdischen Entwicklung in Spanien (12.–14. Jahrh.) blühten nicht nur Wissenschaft und Literatur sondern auch der Humor. Damals entstanden viele heitere Gedichte und Poeme voller Ironie und Spott. Zugleich kam auch die Parodie zu

Wort. Es wurde zum Beispiel eine Parodie des Talmuds veröffentlicht »Massechet Purim« (Traktat über Purim), wie auch viele ähnliche Publikationen. Der Meister dieser Form war ein spanischer Jude namens Kalonymus ben Kalon. Im 15. Jahrhundert wurden viele Spottschriften gegen getaufte Juden, wie auch gegen die falschen Messias geschrieben.

Die wirtschaftliche und politische Entwicklung Westeuropas brachte die Emanzipation der Juden mit sich. Dies wiederum hat dazu beigetragen, daß die Juden eine immer wachsende Rolle im kulturellen und wissenschaftlichen Leben der einzelnen Länder gespielt haben. Die Juden erschienen in der Literatur und Kunst und haben sie mit jüdischen Themen und Elementen bereichert. Auch im Humor beobachten wir dieselbe Erscheinung. Und so erscheinen im Witz des 18. und besonders des 19. Jahrhunderts in Frankreich, Deutschland oder England Elemente und Motive des jüdischen Humors, die die jüdischen Schriftsteller, Dichter, Musiker oder Maler beigetragen haben.

Jüdische Themen erscheinen nun öfters in der europäischen Literatur. Man beschränkt sich nicht mehr auf biblische Motive, jüdische Fremdheit, sondern man versucht, den Juden als Mitmenschen zu zeigen, seine Leiden zu verstehen (Lessing). Auch in der humoristischen Literatur hat sich der jüdische Held gezeigt. Als Beispiel soll man hier aus der deutschen Literatur zwei weltbekannte Bücher erwähnen: »Peter Schlemiels wundersame Geschichte« von Adalbert von Chamisso und »Plisch und Plum« von Wilhelm Busch.

Die Emanzipation öffnete den Juden den Weg in die Literatur der Länder, in denen sie lebten. Sie brachten mit ihren Werken den Hauch des jüdischen Humors und Witzes. Um bei Deutschland als Beispiel zu bleiben, genügt es, nur Heinrich Heines bissige Gedichte und humorvolle Reiseberichte oder Ludwig Börnes satirische Kritiken zu nennen. Es war kein Zufall, daß unter den Gründern und Schöpfern der modernen humoristischen und satirischen Literatur so viele Juden waren. Die heute vergessenen satirischen Werke von Hermann Schiff: »Schief Levinche« und »Die wilde Rebbizin«, oder die politischen Spottschriften gegen die Reaktion nach 1848 von Isaac Moses Hersch sind nur einzelne Beispiele.

Unter den Schöpfern des Berliner Witzes waren die Brüder Ludwig und David Kalisch, die Gründer des Witzblattes »Kladderadatsch«, in Wien waren es Saphir und Daniel Spitzer. Ihre Nachfolger reichen bis Karl Kraus, Kurt Tucholski, Egon Erwin Kisch und viele viele andere.

Zum Hauptzentrum des jüdischen Lebens und der jüdischen Kultur wurde zu dieser Zeit Ost- und Mitteleuropa. Hier liefen die Emanzipationsprozesse viel langsamer als im Westen. Das jüdische Leben in Ländern wie Rußland, Polen, Ungarn oder Rumänien trug einen anderen Charakter als im Westen Europas. Hier behielten die jüdischen Gesellschaften am längsten den Charakter einer geschlossenen, oft von der Umwelt isolierten Umgebung. Hier traten wie nirgends viel größere soziale Gegensätze in Erscheinung, hier trug oft die Verfolgung der Juden einen viel mehr akuten Charakter. Die Hauptmasse der Juden lebte in Not und Elend. Die Mehrheit der jüdischen Bevölkerung bestand aus Handwerkern, Krämern, armen Talmudisten. Die Existenz der geschlossenen jüdischen Gesellschaft auf der Basis der jiddischen Kultur bewirkte, daß in Mittel- und Osteuropa und hauptsächlich in Rußland und Polen das Zentrum des jüdischen Lebens und der jüdischen Kultur entstand. Dieses Zentrum verbreitete sich über die ganze Welt: aufgrund der Massenemigration der Juden nach Amerika, Deutschland, England, Frankreich.

In Osteuropa entwickelten sich jiddische Literatur und Kultur, die sich mit der Emigration der Ostjuden in alle Welt verbreitet haben.

Hier entwickelte sich auch der gegenwärtige jüdische Humor und

Witz. Polen, Litauen, Ukraine, Rußland, Rumänien, Ungarn – überall dort, wo die jiddische Kultur herrschte, dort kam der moderne jüdische Witz zu Wort. Dieser Witz wurde durch die Lebensverhältnisse der Juden in diesen Ländern gestaltet, also durch die wirtschaftliche und politische Situation, durch die Spezifik sozialen Daseins, wie auch durch die Verfolgung der Juden in Osteuropa. So kamen zu den traditionellen Quellen des jüdischen Witzes (die Bibel, der Talmud, die historischen Aspekte und die allgemeine Lage der Juden in der Geschichte) neue Quellen, wie das spezifisch Osteuropäische, die örtliche Folklore, die besondere Lage der dortigen Juden.

Aber auch die osteuropäischen Gettos waren von der Emanzipation nicht immun. In einer anderen Form in anderen Bedingungen als im Westen drängten auch hier die Einflüsse der Technik, des Fortschritts über die Gettomauern. Die Industrialisierung der Gesellschaft in Osteuropa war langsamer, aber sie bahnte sich den Weg. Die Ideen der Aufklärung, der Emanzipation und die Einflüsse der allgemeinen Entwicklung der Gesellschaft wurden unter den Juden Osteuropas populär und hatten von Jahr zu Jahr mehr Anhänger. Die Haskala (die Aufklärung) bediente sich im Kampf gegen Obskurantismus, gegen falsche Orthodoxie und Chassidismus auch der Spottliteratur und Satire. Die religiösen Schriften wurden parodiert. Die Humoristen stützten sich auf die klassische Weltliteratur. Und so hat H. Goldberg nach Heines »Zwei Grenadiere« ein Spottgedicht »Zwei Chassidimlech« geschrieben. Abraham Gottlober war nach Schillers »Die Glocke« eine Parodie »Dos Lied funem Kugel« veröffentlicht.

Die ersten literarischen Werke in Jiddisch sind schon im 12. Jahrhundert erschienen. Sie trugen aber, wie auch die späteren, meistens religiösen Charakter. Sie hatten aber von Anfang an volkstümlichen Charakter. Sie waren für den ungebildeten Leser, da er die heilige Sprache nicht kannte. Später erschienen auch Bücher und Schriften, die man als Unterhaltungsliteratur betrachten kann.

Viele dieser Werke trugen auch einen humoristischen oder satirischen Charakter, wie z. B. die Purimspiele oder Majsebücher. Aber die jiddische Literatur im modernen Sinne des Wortes hat sich erst im 19. Jahrhundert endgültig gestaltet. Diese Literatur war volkstümlich im vollen Sinne des Wortes. Sie schildert das jüdische Leben, seine Freuden und Leiden, durch das traditionelle traurige Lächeln, durch die philosophische Parabel und Anekdoten. Die Quellen dieser Literatur sind Volksgeschichten, die man in Osteuropa seit Generationen erzählt. Wir finden hier alle jüdischen Typen, alle Gebiete des jüdischen Lebens. Sie lächeln uns traurig zu aus den Werken von Scholem Alejchem und Mendele Mojcher Sforim, Jehuda Leib Perec und Schalom Anski. Die authentischen Gestalten wurden literarische Helden, und das jüdische Leben wurde treu in der Literatur dargestellt.

Die Entwicklung der jiddischen Literatur wurde auch zum goldenen Zeitalter des jüdischen Witzes. Nicht nur in den literarischen Werken finden wir die Elemente des jüdischen Humors (Scholem Alejchem war der klassische Meister der jiddischen Humoristik, die alle Proben und Zeiten überstanden hat, um nur seine Anatevka zu nennen). Der jüdische Witz wurde zum selbständigen Faktor und Element der jüdischen Humoristik. Der jüdische und jiddische Witz wurde weltberühmt. Er wanderte mit den osteuropäischen Juden nach Amerika und Australien, er etablierte sich in Berlin, London und Paris. Und überall breitete er sich aus, entwickelte neue, örtlich geprägte Formen und Inhalte.

Der Ort der Handlung des jüdischen Witzes ist das osteuropäische Städtchen, das Schtetl, wie man es jiddisch nennt. Hier waren die meisten Bewohner Juden, hier spielte sich das echte jüdische Leben ab. Hier wohnten und lebten die charakteristischen jüdischen Typen und übten ihre typisch jüdischen Berufe aus. Im Schtetl träumten sie alle von einer besseren Welt und von hier wanderten sie aus. In die polnischen und russischen Großstädte oft illegal, da in Rußland den Juden die Großstädte verboten waren, nach Deutschland,

Frankreich oder England. Dann kam die große Auswanderungswelle nach Amerika. Diese kleinstädtischen Juden haben nicht nur die Sprache und die Sitten mitgebracht, sondern auch ihre jiddische Kultur, ihren unverfälschten Humor und Witz. Und gerade dieser Witz hat sich am schnellsten assimiliert und angepaßt. Er blühte in neuen Versionen und oft in neuen Formen in Berlin, Paris, London und New York auf. Und so brachten die Juden aus Osteuropa die jiddische Sprache nach Deutschland zurück. Man hörte in Berlin neue Witze und Histörchen von den Ostjuden und über sie. Man versuchte das Jiddische zu »verdeutschen«, was wieder verspottet wurde. Man nannte es »dajtschmerisch«. Man brachte das Jiddische nach Amerika, und so entwickelte sich ein Dialekt der jiddischen Sprache als Ameryiddish, und jiddische Ausdrücke wanderten in die englische Sprache über; es gibt schon das »Yinglishe«. Leo Rosten schreibt darüber in seinem wunderbaren Buch »The Joys of Yiddish« und zeigt, wie sich das jiddische Element in der englischen Sprache tief verwurzelt hat.

Und die Einflüsse des Jiddischen in deutscher Sprache? Wie viele Leute haben schon nachgedacht, daß Pleite, Schlamassel, Tohuwawohu, Maloche, Meschugge und tausende andere Ausdrücke aus dem Jiddischen stammen. Und das ganze Rotwelsch: es ist doch zu 60 % aus dem Jiddischen.

Der Kataklismus des Naziregimes hat das Schtetl und seine Bewohner ausradiert. Der große polnische Dichter Antoni Slonimski widmete dem Schtetl ein Gedicht, in dem er schreibt:
»Es gibt schon in Polen keine jüdischen Städtchen mehr ...
vergebens wirst Du suchen die Spuren der Sabbatlichter im Fenster, oder die Stimme des Vorbeters in der kleinen Schule. Es gibt schon keine Städtchen, wo der Schuster ein Poet war, der Uhrmacher ein Philosoph und der Frisör ein Troubadour ...«
Der Witz aber hat seine Helden überlebt.
In einem alten Jüdischen Lexikon fand ich folgende Charakteristik des jüdischen Witzes:

»Viele von diesen Witzen sind uralt, beruhen auf Tradition und erscheinen in immer neuen Varianten; die Lebensfähigkeit des jüdischen Witzes ist fast unbegrenzbar! – Mit immer neuem Humor glossiert der jüdische Geist die Zeiten. Ihr eigentümlicher Kontrast, die psychologisch vertiefte Erfassung einer Situation, das blitzschnelle Durchschauen von Zusammenhängen, die mit Schlagfertigkeit und Spitzfindigkeit vermischte Zusammenfassung ganz verschiedener Sphären, die in treffende Pointe ausklingt, ist – abgesehen von ihrer Unnachahmbarkeit – stilistisch schwer zu prägen. So sind, auch vielerlei witzige Wendungen im Jiddischen schlechthin unübersetzbar.«

Nun wollen wir versuchen, den Inhalt und die Helden des jüdischen Witzes vorzustellen. Die meisten jüdischen Witze haben einen realistischen Hintergrund, der typisch jüdisch ist. Es umfaßt alle Gebiete des jüdischen Lebens und der Umwelt der Juden. Das universelle, das Allmenschliche nahm im jüdischen Witz ein jüdisches Gewand an. Am besten ist das erklärbar am Beispiel der Weisen von Chelm. Das Element einer Stadt der Narren ist in der Welthumoristik nichts neues. Schilda in Deutschland, Abdera in Griechenland und Gotham in England sind doch genau dasselbe wie Chelm. (Es gab auch im jüdischen Folklore eine zweite Narrenstadt Links, aber sie ist wenig bekannt). Wenn wir die Geschichte über Chelm mit den anderen Witzen (aus Schilda oder Gotham) vergleichen, werden wir eine Gemeinsamkeit finden: es geht hier und dort um Narren. Die Chelmer Geschichten sind typisch jüdisch, die Chelmer Helden können in ihrer Mentalität, Lebensweise, Typologie nur Juden sein.

Die Helden der jüdischen Witze sind eine vollständige Repräsentation der ganzen Palette der jüdischen Volkstypen. Der jüdische Witz kennt kein Heiligtum. Alle sind Objekte des Spottes, der Ironie. Wir finden hier die Gelehrten und die Lümmel, die Chassiddim und die Freidenker, die Armen und die Reichen, die Klugen und die Narren. Alle Berufe sind im jüdischen Witz verspottet. Der Bankier und der kleine Händler, der seinen Laden am Bauch trägt, der Pächter und sein Herr, der Schneider, der Makler, der Heiratsvermittler und der Luftikus.

Drei Spezialtypen sind auch in den Witzen vertreten, obwohl ich es nicht immer mit den Namen nenne. Das sind: der Chojsek, der Schlemiehl und der Schlemasel.
Chojsek bedeutet in der jiddischen Sprache »Spott«. Chojsek ist Tölpel, den alle auslachen, ein Trottel, der unfähig ist, sich im Leben durchzuschlagen. Chojsek war es, der sich alles aufgeschrieben hat, um am Morgen nichts zu vergessen: Hosen aufm Stuhl, Schuhe unterm Stuhl, Mantel auf dem Hänger und ich im Bett. Als er alles gefunden hat, hat er festgestellt, daß er nicht im Bett ist. Nun fragt er: »Wo bin ich? Vielleicht unter dem Bett?« Er kriecht hin und ruft voller Freude: »Tatsächlich, ich bin da!«
Die beiden anderen Typen sind Pechvögel, die ein Volksspruch so charakterisiert:
Schlemiehl ist der Mann, der seine Schüssel heiße Suppe auf den Schlemasel ausschüttet.
Die beiden waren beliebte Helden der Witze, die die armen Juden gerne gehört haben. Es war angenehm zu hören, daß es größere Pechvögel als sie gibt, daß es jemandem schlechter geht als ihnen, daß es glücklose Juden überall gibt.

Nun gibt es im jüdischen Witz eine örtliche Eigenart, auch bei denselben Witzen. Anders wurden sie in Polen und anders in Deutschland erzählt, anders in Frankreich und anders in Amerika. Dazu kommt noch der spezifisch ortsgebundene jüdische Witz aus Polen, aus Rußland, aus Frankreich und aus Amerika. Und ganz besonders der israelische Witz. Es gibt noch eine Einteilung des jüdischen Witzes, dies ist die sprachliche Spezifik. Das Gros der jüdischen Witze wurde in jiddischer Sprache formuliert. Aber weitaus nicht alle. Es gibt jüdisch-polnische Witze und jüdisch-deutsche, jüdisch-russische und jüdisch-englische. Und in vielen Fällen sind sie unübersetzbar, auch ins Jiddische kann man sie nicht übersetzen, weil die Pointe nur polnisch, oder englisch klingt. Der jüdische Witz ist berühmt genug und braucht üblicherweise keine Reklame. Was der jüdische Witz braucht, ist eine Abgrenzung: was ist kein jüdischer Witz. Allgemein könnte man formulieren, daß nur der Witz ein echter jüdischer ist, den man nicht als nichtjüdischen Witz erzählen kann. Also ein solcher Witz, der unverwechselbare jüdische Eigenschaften hat.

Es gibt Leute, die glauben, daß man den jüdischen Witz gejüdelt erzählen muß. Muß man? Versuchen wir darauf zu antworten. Wenn die Helden des jüdischen Witzes Juden unter sich sind und sich jiddisch unterhalten, da sprechen sie diese Sprache als Muttersprache perfekt und sie reden jiddisch, aber jüdeln nicht. Wenn das deutsche Juden sind und sie deutsch sprechen, so ist das ihre Muttersprache, und meistens sprachen sie kein Jiddisch und haben nicht gejüdelt.
Wenn es sich aber um Witze handelt, in denen Juden und Nichtjuden einander in Osteuropa begegnen, wo also der Jude polnisch oder russisch oder ungarisch spricht, das für ihn oft eine Fremdsprache war, hier ist das Jüdeln manchmal berechtigt. Genauso berechtigt wie eine typische »Melodie« im rabbinischen Witz.

Nun kommen wir zum Problem des Schmonzes, des unehelichen Kindes des jiddischen Witzes. Aber was ist das, ein Schmonzes? Das Wort stammt aus dem deutschen »schmunzeln«. Dieses Wort bedeutet in der jiddischen Sprache einen Witz im abschätzenden Sinn. Es gibt Leute, die von den jüdischen Witzen nur die Schmonzes kennen, und sogar eine bestimmte Kategorie, das sind nicht jüdische, sondern Judenwitze. Diese Leute glauben, daß jeder Witz in dem von Mojsche und Sure die Rede ist, natürlich im Bett in einer eindeutigen Situation, die echt jüdischen oder jiddischen Witze sind. Nehmen sie bei solchen Witzen anstelle von Mojsche und Sure Iwan und Marusja, Janek und Marysia, Hans und Resi, da werden sie keinen Unterschied finden. Der Witz wird genauso schlecht und vulgär bleiben.
Ich unterscheide zweierlei Schmonzes. Die erste Kategorie, das sind

selbstironische Witze, die in den Grenzen des charakteristischen Jüdischen gehalten sind. Diese Witze verspotten meistens das jüdische Kleinbürgertum, sein Streben sich zu emanzipieren, sie lachen über alle Art Arrivierte, sie tragen auch oft einen erotischen Charakter auf der Grenze des Vulgären aber auch jenseits dieser Grenze. Hier ist das Jüdeln, wenn es nötig ist, berechtigt. Es gibt auch den Judenwitz und den antisemitischen Witz. Die beiden Sorten adaptieren manchmal jüdische Witzelemente, um sie entsprechend zu verwandeln. Diese Witze sind viel älter als das Dritte Reich und die nationalsozialistische Bewegung und ist nicht nur eine Deutsche »specialité de la maison«.

Ich habe in diesem Buch versucht, auch die jiddischen Schmonzes zu repräsentieren. Ich bin nämlich der Meinung, daß sie zum jüdischen Witz gehören. Sie tragen einen ausgesprochen jüdischen Charakter und sind aus denselben Wurzeln wie andere jüdische Witze gewachsen. Diese Schmonzes-Witze haben eine lange Tradition in Polen, Deutschland, Rußland und im alten Österreich. Es gab in diesen Ländern Meister der Schmonzeswitze, der Schmonzeskabaretts, die seinerzeit sehr populär waren. Die Autoren der Schmonzestexte waren ausschließlich Juden, sehr oft sehr gute Schriftsteller und Dichter. Diese Tradition ist bis heute erhalten. Fritz Muliar erzählt sie reizend, schade nur, daß er die Texte wenig selektioniert und manchmal auch Judenschmonzes hineinschmuggelt.

Ich habe in diesem Buch auf gewisse Kategorien der jüdischen Witze mit Absicht verzichtet. Da ich im Buch »Der politische Witz im Ostblock« viele jüdische politische Witze veröffentlicht habe, sind sie aus diesem Buch ausgeklammert worden. Nun habe ich bewußt auch auf Witze aus dem Zweiten Weltkrieg verzichtet, sie passen einfach in diese Sammlung nicht. Ich hoffe, später eine Sammlung dieser Art zusammenzustellen und als separates Buch zu veröffentlichen. Selbstverständlich, daß dieses Buch nur Kostproben des jüdischen Humors enthalten kann. Eine große Anthologie des jüdischen Humors müßte mehrere hundert Seiten umfassen, oder sogar ein paar Bände. Ich hoffe, es eines Tages machen zu können.

Dieses Buch hat seine eigene Geschichte. Vor Jahren war ich in Danzig, ich sollte dort einige Vorträge halten. Meine Freunde leiteten in Danzig ein Experimentiertheater und haben mich zur Premiere eines Stückes von Sartre eingeladen. Aus »technischen« Gründen fand die Premiere nicht statt. Der Grund war sehr einfach, der Schauspieler, der die Hauptrolle spielen sollte, war total besoffen. Nun wollte ich meine Freunde trösten und habe Witze erzählt, unter anderem auch jüdische Witze. Darauf hat mir einer der Anwesenden den Vorschlag gemacht: ich sollte im örtlichen Klub, beim nächsten Aufenthalt einen Abend jüdischer Witze machen. Ich habe es als Witz betrachtet, aber als ich drei Tage später wieder in Danzig erschien, entdeckte ich auf der ersten Seite der örtlichen Zeitungen eine Information, daß ich, Alexander Drozdzynski, heute jüdische Witze erzählen werde. Es wurde unterstrichen, daß dies das erstemal in Nachkriegspolen geschieht. Nun, was sollte ich tun. Ich bin hingegangen. Es kamen fast tausend Menschen, ich mußte am nächsten Tag den Abend wiederholen. Und so hat es angefangen. Ich beschloß die Witze niederzuschreiben, so entstand mein Buch »Jüdische Weisheiten«, ein Bestseller. Obwohl ich für meine historischen Bücher zweimal mit einem Preis geehrt wurde, diese wurden nur von Fachleuten gelesen. Die Sammlung mit den jüdischen Witzen aber wurde überall gelesen. Und ich war stolz darauf, als ich eines Tages eine handgeschriebene illegale sowjetische Ausgabe mit Zeichnungen bekam. Man erzählte mir auch von einer Ausgabe in grusinischer Sprache, die habe ich leider noch nicht gesehen.

Es geschah mit mir ähnlich wie mit dem Cellisten, der einmal in einer Filmkomödie spielte, im Wasser. Nun konnte er nur noch als Komödiant auftreten, denn wenn er im Konzertsaal erschien, lachte das Publikum in Erinnerung an den Film. Ich habe nicht auf meine publizistische Arbeit verzichtet, aber ich bleibe hart im satirischen Metier, da ich stets die Rolle des Hofnarren vor der des Hofdichters bevorzuge.

Alexander Drozdzynski

I. Typisch Jiddisches

In einem Zoogeschäft erscheint ein Kunde und möchte einen Papagei kaufen. Der Verkäufer führt ihn in einen großen Raum, in dem unzählige Käfige mit allen möglichen Papageienarten stehen.
»Bitte suchen Sie sich einen Papagei aus, der Ihnen gefällt.«
Der Kunde sieht sich alle Vögel an. Endlich entdeckt er einen prächtigen bunten Kakadu.
»Wieviel kostet dieser?« fragt er.
»Ah, dieser Kakadu? 80 000 Schilling.«
»Aber das ist ja ein Vermögen!«
»Sehen Sie, gnädiger Herr, dieser Papagei ist ein Sprachgenie, er spricht alle Sprachen.«
»Das ist unmöglich.«
»Bitte, Sie können es prüfen.«
Der Kunde geht zum Käfig und fragt:
»Sprichst du Deutsch?«
»Aber natürlich, mein Herr«, antwortete der Kakadu.
»Do you speak english?«
»Naturally, Sir.«
»Parlez-vous français?«
»Naturellement, Monsieur.«
»Parla italiano?«
»Sicuro, Signore.«
Da hält es der Kunde nicht mehr aus und schreit:
»Aber jiddisch spricht der Papagei bestimmt nicht.«
Darauf der Kakadu:
»Ich red ka Jiddisch? Mit solch' a Nase?«

Moische Rosenblum war geschäftlich unterwegs. Da sich die Verhandlungen bis zum späten Freitag nachmittag hinzogen, konnte er unmöglich noch nach Hause fahren, ohne die Sabbatruhe zu verletzen. Deshalb beschloß Rosenblum, seine Frau telegrafisch zu benachrichtigen, daß er über Sabbat in der fremden Stadt bleiben würde. Er geht zur Post, nimmt ein Telegrammformular und schreibt:
»Meine liebe Frau Sure, alle Geschäfte habe ich sehr gut erledigt. Leider konnte ich nicht zum Sabbat nach Hause kommen. Ich komme Sonntag früh nach Hause. Dein liebender Ehemann Moische.«
Die Beamtin am Schalter liest den Text und sagt:
»Hören Sie mal, das ist ja eine ganze Epistel, das wird sehr viel kosten, vielleicht streichen Sie was?«
»Streichen, warum nicht?« sagt Rosenblum.
Er nimmt den Text und versucht zu streichen:
»Meine – was heißt meine? Weiß sie nicht, daß sie meine ist? Natürlich weiß sie es.« Er streicht das Wort.
»Liebe – nu, hab' ich ihr nicht Tausende von Beweisen meiner Liebe gegeben? Weiß sie es nicht?« Gestrichen.
»Frau – was ist sie für mich? Eine Geliebte? Eine Bekannte? Sie weiß es sehr gut. Gestrichen. Sure? Was? Sie sollte nicht wissen, wie sie heißt? Gestrichen. Alle Geschäfte habe ich sehr gut erledigt, nu, kennt sie mich nicht? Sie weiß ganz genau, daß ich, Moische Rosenblum, ein Kaufmann, seit über dreißig Jahren nur gute Geschäfte mache. Gestrichen. Leider habe ich nicht geschafft, zum Sabbat nach Hause zu kommen. Nu, weiß sie es nicht? Wenn ich nicht gekommen bin, heißt es, ich konnte es nicht schaffen, leider. Sie weiß doch, daß ich lieber zu Hause am Tisch mit der ganzen Mischpoche sitze und gefüllten Fisch esse, als in einer fremden Stadt allein in einem Hotel zu hocken. Gestrichen. Ich komme Sonntag nach Hause. Nu, wenn ich zum Sabbat nicht gekommen bin, wann soll ich dann kommen, nächsten Sabbat? Was soll ich hier machen, wenn ich alle Geschäfte erledigt habe? Sie weiß es, bin ich Freitag nicht gekommen, komme ich Sonntag. Dein? Nu, sollte ich probieren, etwas anderes zu unternehmen, alle ihre

Bratpfannen haut sie mir auf den Kopf. Sie weiß es. Gestrichen. Liebender? Nu, sie weiß doch, wie ich sie liebe. Gestrichen. Ehemann? Was bin ich denn sonst? Ein Freund, ein Geliebter? Wer hat sie vor 23 Jahren beim Rabbi geheiratet? Etwa der Goethe oder der Heine? Sie weiß es. Gestrichen. Moische. Was, sie soll nicht wissen, wie ihr eigener Mann heißt?« Moische Rosenblum geht zum Schalter und sagt: »Fräulein, wozu brauch ich überhaupt a Telegramm!«

Ein Jude bekommt ein Telegramm mit bezahlter Rückantwort. Der Text lautet:
»Arzt empfahl operieren operieren.«
Der Jude gibt als Rückantwort denselben Text auf. Die Beamtin am Schalter wundert sich:
»Ich versteh das überhaupt nicht. Das hat doch keinen Sinn.«
»Wieso verstehen Sie das nicht?«, sagt der Jude:
»Die telegrafieren: ›Der Arzt empfahl operieren. Operieren?‹ Also antworte ich: ›Arzt empfahl operieren. Operieren!‹«

Als jede Spur der italienischen Polarexpedition des Generals Nobile verloren gegangen waren, erklärte der Weltpostverband alle Nachrichten über das Schicksal der Expedition in aller Welt für gebührenfrei. In Bialystok erscheint ein Jude im Telegrafenamt und fragt:
»Kann ich ein Telegramm über die Expedition Nobiles gebührenfrei aufgeben?«
»Natürlich.«
Da gab er folgenden Text auf:
»Getreidehandel Moschkowitsch, Radom. Nobile-Expedition habe ich noch nicht gefunden. Drei Waggons Heu unterwegs. Rubinstein.«

Ein Gläubiger hat seinem Schuldner eine telegrafische Mahnung geschickt: »Nu?«
Darauf bekam er die Antwort: »Nu, nu.«

Zwei Reisende aus der Gummibranche unterhalten sich über die Qualität ihrer Erzeugnisse. Der eine prahlt:
»Die Galoschen aus meiner Fabrik sind wirklich phantastisch. Ein Mann, der sie Tag für Tag trägt, wollte Selbstmord begehen. Er sprang aus dem fünften Stockwerk, prallte mit den Galoschen ab wie ein Ball und landete wieder im fünften Stock. Das ist Qualität!«
Der andere lächelte ironisch und sagt:
»Das soll Qualität sein? Nun werde ich dir mal was erzählen, da wirst du staunen. Eines Tages war ich unterwegs von Warschau nach Lodz. Beim Bahnhof Lodz fing der Zug plötzlich an rückwärts zu fahren, bis er schließlich wieder am Hauptbahnhof von Warschau ankam. Was meinst du, wie die Fahrgäste staunten, als sie die Ursache erfuhren. Stell dir vor, als wir Warschau verließen, war mein linker Hosenträger da hängen geblieben, und so ist der Zug nach Warschau zurückgezogen worden. Das nenne ich Qualität!«

»Du Lügner«, giftet der erste Kaufmann, »und das Umsteigen in Koluszki?«

Zwei Juden sitzen in einer Gefängniszelle. Der eine liegt auf der Pritsche, der andere rennt nervös in dem winzigen Raum hin und her. Da sagt der Liegende:
»Hör mal, glaubst du vielleicht, du sitzt nicht, wenn du läufst?«

Am offenen Grab ihres kleinen Sohnes murmelt die Mutter: »Mein liebstes Kind, wenn du nun in jener anderen Welt ankommst, such' sofort Opa und Oma auf und richte die besten Grüße von der ganzen Mischpoche aus. Und wenn du vor den Allmächtigen trittst, bitte ihn, deinen Eltern viel Geld und Gesundheit und ein ruhiges Alter zu bescheren. Und für deine Schwestern eine schöne Mitgift und ehrliche und anständige Ehemänner. Und für deine beiden Brüder bitte den lieben Gott um schöne fromme und reiche Mädchen als Bräute. Du sollst auch nicht vergessen, für deinen ältesten Bruder Chaim die Befreiung vom Militärdienst bei der Musterung zu erbitten. Und deinen Onkel Abraham soll der liebe Gott endlich von seiner Krankheit heilen …«
Neben der klagenden Mutter steht der Totengräber mit dem Spaten. Als sich die Litanei unendlich in die Länge zieht, sagt er:
»Madameschi, wenn man so viele Geschäfte für den lieben Gott hat, dann schickt man nicht so ein kleines Kind, man geht selbst.«

Frau Goldfinger ist emanzipiert und gebildet. Sie versucht ihren Mann, der aus dem Osten stammt, die richtige deutsche Aussprache beizubringen.
»Mein Lieber, du darfst nicht immer sagen ›Schenn‹, es heißt ›Schirm‹ mit ›i‹!«
»Meine Liebste, ich weiß es, ich weiß es, aber man kann sagen: ›Scharm‹, man kann sagen ›Schirm‹ oder ›Schorm‹ oder auch

›Schurm‹. Aber was kommt raus dabei? Es bleibt doch immer 'n Scherm.«

In allen Wiener Tageszeitungen erscheint ein Inserat, in dem für die Kinder des Barons Rothschild ein Klavierlehrer mit Kenntnissen der englischen und französischen Sprache gesucht wird. Anmeldung beim Privatsekretär des Barons.
Am nächsten Tag meldet sich beim Sekretär des Barons ein galizischer Jude in langem Kaftan und mit einer Pelzmütze auf dem Kopf.
»Ich komme wegen der Anzeige.«
Der Privatsekretär mustert den Juden:
»Entschuldigen Sie bitte, aber beherrschen Sie die englische und französische Sprache?«
»Nein, leider nicht.«
»Sind Sie überhaupt Klavierlehrer?«
»Nein, Gott behüte ...«
»Also, wozu sind Sie gekommen?«
»Ich wollte den Herrn Baron benachrichtigen, daß er auf mich in dieser Angelegenheit nicht rechnen kann.«

Nach dem deutsch-französischen Krieg 70/71 legten viele Elsässer, unter ihnen auch viele Juden, ganz besonderen Wert darauf, als Franzosen zu gelten und sprachen deshalb gern statt des üblichen deutschen Dialekts »franzeesch«.
Als eine Jüdin aus Straßburg von einer Reise nach Paris zurückkam, erzählte sie ihrem Mann:
»Was meinste, Louis, mer hat mich in Paris for ne Deitsche gehalte.«
»Nu, du wersch franzesch geredt hawwe.«

Ein jüdischer Fuhrmann nutzte den kleinen Grenzverkehr zwischen Österreich und Rußland, um Tee zu schmuggeln. Als ihn die Zollbeamten fragten, was er in dem Sack habe, antwortete er immer:
»Im Sack? Da ist das Futter für mein Pferd.«
Aber eines Tages kontrollieren die Beamten den Sack und entdecken darin Tee. Da schreit der Zöllner:
»Du Saujude, das soll Pferdefutter sein? Das frißt dein Pferd?«
»Meine Sorge«, antwortet der Jude, »will er nicht fressen, soll er nicht.«

Der bekannte russisch-jüdische Millionär Brodzki übernachtete einmal in Berditschow. Er bestellte in der Gastwirtschaft zum Abendbrot Rühreier. Als er nach dem Essen bezahlen wollte, brachte man ihm eine Rechnung über 100 Rubel. Er ließ den Wirt rufen und fragte:
»Sind Eier bei euch eine solche Seltenheit, daß sie 100 Rubel kosten?«
»Eier nicht, aber Millionäre«, antwortete der Gastwirt.

An der Tür der Synagoge hing eine Tafel:
»Das Betreten der Synagoge ohne Kopfbedeckung ist eine Sünde wie der Ehebruch.«
Darunter hatte jemand geschrieben:
»Habe beides ausprobiert, kein Vergleich!«

In einer jüdischen Familie kommt der 18jährige Sohn oft spät nach Hause. Die beunruhigte Mama sucht seine Taschen durch

und findet einen Lippenstift. Sie sieht ihn genau an und atmet erleichtert auf:
»Gott sei Dank, a jüdisch Mädele, Helena Rubinstein.«

Ein armer Jude mußte nach Minsk fahren. Da er kein Geld hatte, ist er natürlich ohne Fahrkarte gefahren. Nach einigen Haltestellen entdeckte ihn der Schaffner und warf ihn aus dem Zug, selbstverständlich mit Schimpfen und Tritten. Der arme Jude hat es ohne Klage hingenommen. Er wartete am Bahnhof, bis der nächste Zug kam und stieg wieder ohne Fahrkarte ein. Nach drei Haltestellen wiederholte sich die Geschichte. Der Jude wartete ab, stieg in den nächsten Zug ein. Aber nach kurzer Zeit wurde er wieder vom Schaffner entdeckt. Nun sitzt er am Bahnhof, niedergeschlagen. Da kommt ein anderer Jude und spricht ihn an:
»Wo fährt ein Jud?«
»Wo? Wenn mein Hintern es aushält, nach Minsk.«

Rubinstein hat im Lotto auf die 49 eine große Summe gewonnen. Ein Bekannter fragt ihn:
»Wie bist du eigentlich auf diese Zahl gekommen?«
»Ganz einfach, ich hatte einen Traum und im Traum sah ich immer wieder die ›7‹. Ich habe sie gezählt, es waren sechs ›siebene‹. Da habe ich ausgerechnet, daß sechs mal sieben macht 49.«
»Aber Rubinstein! Sechs mal sieben ist doch 42!«
»Bist du der Mathematiker!«

»Lieber Gott, laß mich einmal den großen Gewinn in der Lotterie haben«, betete ein Jude seit vielen Jahren jeden Tag. Eines Tages hörte er eine Stimme vom Himmel:
»Rabbinovitz, gib mir endlich die Chance, *kauf* ein Los.«

Nach dem Zweiten Weltkrieg meldet sich ein Jude bei der amerikanisch-jüdischen Hilfsorganisation für Emigration.
»Ich will auswandern«.
»Wohin wollen Sie emigrieren?«
»Keine Ahnung.«
»Hier steht ein Globus, suchen Sie sich ein Land aus.«
Der Jude dreht ihn hin und her. Nach einer Weile fragt er:
»Haben Sie bitteschön keinen anderen Globus?«

Zwei Juden unterhalten sich:
»Aj«, stöhnt der eine.
»Mir sagen sie es.«

Zwei Juden unterhalten sich:
»Aj«, stöhnt der eine.
»Aj«, stöhnt der zweite.
»Vielleicht hören wir auf, über Politik zu reden ...«

Ein Jude ging mit seinem kleinen Sohn in die Badeanstalt.
Er befahl dem Jungen, in das Becken mit kaltem Wasser zu springen. Der Junge zitterte vor Kälte und jammerte:
»Papa! *Oh*, Papa, *oh!*«
Als ihn aber der Vater beim Abtrocknen mit dem Handtuch warm rieb, stöhnte der Junge wohlig:
»*Ach*, Papa, *ach!*«
Da sagte der Vater:
»Am Beispiel dieses Bades will ich dir den Unterschied zwischen einem kalten Bad und der Sünde erklären. Wenn du ins kalte Wasser springst, so schreist du zuerst *Oh* und dann *Ach*. Wenn du aber eine Sünde begehst so ist es umgekehrt: zuerst seufzt du voller Vergnügen *Ach* und später dann *Oh*.«

Ein Jude kommt zu einem bekannten Arzt. Nach der Untersuchung holt der Jude eine Fünf Zloty-Münze heraus und gibt sie dem Arzt. Der aber sagt:
»Bei mir kostet eine Visite 20 Zloty.«
»So? Und mir hat man gesagt, nur 15.«

Eine alte Jüdin mußte zum Arzt. Nach langem Suchen fand sie ein Schild, auf dem »Dr. phil. Rosenbaum« stand. Sie klagte:
»Doktorleben, wissen Sie ein Mittel gegen meinen Rheumatismus?«
»Es tut mir leid, aber Sie sind hier falsch. Ich bin nämlich Doktor der Philosophie.«
»Nu, und was für eine Krankheit ist diese Philosophie?«

Ein armer Jude kommt zu dem bekannten Warschauer Professor Landau. Nach der Untersuchung fragt er:
»Herr Professor, wieviel kostet die Behandlung?«
»25 Zloty.«
»Soviel kann ich nicht bezahlen.«
»Gut geben Sie 15.«
»Oh, Herr Professor, 15 Zloty, das ist mir auch noch zuviel.«
»Also gut, 5.«
»Oh, Professorleben, woher soll ich 5 Zloty nehmen? Ich bin ein armer Jude.«
Der Professor wird wütend:
»Wenn Sie keine 5 Zloty haben, was haben Sie dann?«
»Ich habe nichts, Herr Professor.«
»Hören Sie mal, wenn Sie kein Geld haben, warum kommen Sie zu einem teuren Spezialisten?«
»Oh, Professorleben, für meine Gesundheit ist mir nichts zu teuer.«

In einer kleinen Stadt lebte ein Brautpaar, das sich sehr liebte, aber sie waren zu arm, um zu heiraten. Doch gute Menschen hatten

Geld gesammelt, damit die beiden endlich heiraten konnten. Der Rabbiner traute sie; am Tisch beim Festmahl nahm er den Ehrenplatz ein, und man brachte ihm die besten Leckerbissen, da man ja den Rabbi ehren muß. Am Tag nach der Hochzeit erschien der Rabbi zur Mittagszeit, und das junge Ehepaar empfing den Rabbi so, wie man einen Rabbi empfängt. Es gab noch gutes Essen von der Hochzeit. Am nächsten Tag kam der Rabbi wieder zur Mittagszeit. Da sagte der junge Ehemann:
»Rabbi, ich möchte dir eine Geschichte erzählen: »Es war einmal ein Rabbi ... *Einmal*, aber nicht jeden Tag!«

Ein alter Jude kam in eine Schmiede, ging ohne etwas zu sagen zum Herd, nahm die Zange, holte ein glühendes Stück Kohle heraus, zündete seine Zigarette an und entfernte sich.
Am nächsten Tag wiederholte er dasselbe. Und so kam der alte Jude jeden Tag, zündete stumm seine Zigarette an und verschwand. Eines Tages fragte ihn einer der Gesellen:
»Wer sind Sie eigentlich?«
»Ich? Ich bin der alte Jude, der jeden Tag hierher kommt, um seine Zigarette anzuzünden.«

Rabbinowitsch liegt auf dem Sterbebett. Die ganze Familie versammelt sich um den Todkranken. Er fragt mit gebrochener Stimme:
»Feigele, mein liebe Frau, bist du bei mir?«
»Ja, mein Lieber, ich bin da.«
»Chaim, mein ältester Sohn, mein Stolz und mein Nachfolger, bist du da?«
»Ja, Vater, ich bin da.«
»Und meine Tochter Lea, bist du hier?«
»Ja, Papa, ich bin hier.«
Da schreit der Kaufmann mit letzter Kraft:
»Und wer, zum Teufel, ist unten im Laden?«

Ein Artist bittet bei einem Zirkus um ein Engagement. Der Direktor sagt:
»Für uns kommen nur erstklassige Nummern in Frage.«
»Herr Direktor, ich habe einen Knüller. Meine Artisten sind Mäuse.«
»Mäuse? Was wollen Sie damit?«
»Schauen Sie nur«, sagt der Künstler.
Er öffnete eine Kiste und aus ihr spazieren etwa hundert Mäuse heraus. Alle tragen Fräcke, haben Pulte, Noten und Musikinstrumente. Die Tiere stellen sich auf wie ein Sinfonie-Orchester. Die Maus, die dirigiert, gibt den Einsatz. Und auf einmal erklingt das Finale der Neunten Sinfonie von Beethoven. Der Direktor hört zu, scheint begeistert. Aber plötzlich sagt er:
»Ja, das ist wunderbar, nur, der dritte Geiger von links da, scheint mir aber ein Jude zu sein.«

Nach dem Kriege treffen sich zwei bekannte Juden in Warschau.
»Servus Grünbaum, wie geht es dir?«
»Danke, gut, aber ich heiße nicht mehr Grünbaum. Ich trage jetzt den Namen Doktor Marian Zielinski.«
»Na gut, Marian, verstehe ich, du warst doch Mojsche, Zielinski auch, du warst Grünbaum, aber woher der Doktor?«
»Ach, der Doktor, das ist mein Pseudonym aus der Illegalität.«

Ein polnischer Jude hatte die Auswanderung nach Israel beantragt. Er ging nach Israel, blieb dort aber nur kurze Zeit. Er regelte die Sache mit seinem Paß und kam nach Polen zurück. Hier meldete er sich wieder bei der Polizei und stellt einen neuen Auswanderungsantrag. Der Polizeibeamte nimmt seine Akte, blättert sie durch, sieht ihn an und sagt:
»Herr Kohn, ich verstehe das nicht. Sie sind vor einem Jahr nach Israel gefahren, nun sind Sie zurückgekommen, und nach zwei

Monaten stellen Sie wieder einen Auswanderungsantrag nach Israel ...«
»Was wundert Sie daran? Am besten fühle ich mich unterwegs.«

Kohn geht über die Straße. Plötzlich macht ihm ein Vogel auf die Schulter. Er sieht nach oben, schaut auf seine Schulter und stöhnt: »Und für die Gojim singt er!«

Ein Jude hat seinen Zug um Sekunden verpaßt. Nun steht er auf dem leeren Bahnsteig und klagt laut.
Ein anderer fragt ihn:
»Was schreien Sie so laut?«
»Mein Zug ist mir um drei Sekunden vor der Nase weggefahren!«
»Um drei Sekunden? Und Sie machen ein Geschrei, als hätten sie ihn um Stunden verpaßt.«

Eisenstein schreibt an seine Frau:
»... Und schließlich bitte ich dich, schick' mir deine Pantoffeln! Ich brauche allerdings nicht deine, sondern meine Pantoffeln! Aber wenn ich dir schreibe, meine Pantoffeln, würdest du ja lesen: *meine* Pantoffeln und würdest verstehen, daß ich *deine* Pantoffeln will und deshalb deine Pantoffeln senden. Darum schreibe ich: *deine* Pantoffeln, damit du lesen kannst, *deine* Pantoffeln und darunter *meine* verstehst und mir meine schickst.«

Ein polnischer Jude war das erste Mal in Deutschland. Nach der Rückkehr in sein kleines Städtchen erzählt er über seine Erlebnisse in Berlin.
»Ich sag euch, das sind Wunder! Da gibt es im Hotel einen schönen Knopf, man drückt ihn, und schon kommt eine junge schöne Schikse.«

»Nu«, sagt sein Freund beeindruckt, und warum hast du so einen Knopf nicht mitgebracht?«

Ein jüdischer Juwelier aus Lodz hatte seinem Geschäftsfreund aus Warschau einen Brillanten angeboten. Er schickt ihm den Edelstein mit folgendem Brief:
Werter Freund!
Ich biete Dir den Kauf dieses Brillanten für zwanzigtausend. Das ist weit unter dem Marktpreis, aber ich habe ihn als Gelegenheit gekauft, und so will ich ihn Dir auch anbieten. Am Preis ist nichts herunterzuhandeln. Prüf' den Stein, und Du wirst sehen, daß er es wert ist.
Der Warschauer Juwelier prüft den Stein und stellt fest, daß es wirklich ein Prachtstück ist. Nun, aber vielleicht würde es trotzdem gelingen, ihn billiger zu kaufen. So schreibt er nach Lodz:
Lieber Freund!
Der Stein ist wirklich prachtvoll, aber ich kann beim besten Willen nur siebzehntausend dafür bezahlen. Wenn Du einverstanden bist, schreib sofort.
Dein alter Freund
Darauf bekommt er aus Lodz die telegrafische Nachricht: *Sende sofort Stein zurück.*
Ein paar Tage später erhält der jüdische Juwelier in Lodz ein Eilbotenpäckchen und einen Brief:
Lieber Freund!
Anbei sende ich Dir per Eilboten den Brillanten. Beim besten Willen kann ich nicht mehr als achtzehntausendfünfhundert bezahlen, wenn Du einverstanden bist, so verweigere die Annahme des Päckchens und schick' es mir zurück. Bestehst Du aber auf Deine zwanzigtausend, so sollst Du das Päckchen öffnen.
Dein alter Freund und Geschäftspartner.
Der Lodzer Juwelier kann sich nicht zu dem Nachlaß der Summe entschließen. So öffnet er das Päckchen, wickelt die Papiere aus, er öffnet die kleine Schachtel, er nimmt die Watte heraus, es gibt

keinen Brillanten, dafür findet er einen kleinen Zettel mit folgendem Text:
Nun gut, morgen überweise ich die zwanzigtausend. Dein alter Freund.

Was haben die Juden der Menschheit beigebracht?
Moses – das Recht;
Jesus – die Nächstenliebe;
Karl Marx – die soziale Gerechtigkeit;
Bergson – das Bewußtsein;
Freud – das Unterbewußtsein.
Und dann kam Albert Einstein und sagte: »Meine Herren, alles ist relativ.«

Ein reicher, aber geiziger Jude hatte fünf arme Talmudstudenten zum Essen eingeladen. Sie sollten gebratene Gans bekommen. Die ausgehungerten jungen Leute erscheinen pünktlich um 12 Uhr mittags, setzen sich an den Tisch und sehen enttäuscht, wie das Dienstmädchen auf einem Teller ein Viertel einer Gans, zerteilt in fünf Stück, hereinbringt. Da sagt der eine:
»Jungs, wir sollten nun das Nachmittagsgebet sprechen.«
Darauf der Gastgeber:
»Seid ihr verrückt, um 12 Uhr mittags, Mincha, das Nachmittagsgebet zu sprechen?«
»Nu«, sagt der Talmudist und zeigt auf die Schüssel mit der Gans, »wir sehen doch, es ist ein Viertel vor fünf.«

Zum Rabbi kommt der Kaufmann Leib Kuh und beschwert sich, daß einer seiner Geschäftspartner zu ihm immer Ochs anstatt Kuh sagt. Er bittet den Rabbi, dem Kunden deshalb die Leviten zu verlesen. »Oh Leibele«, sagt der Rabbi, »nu, was macht Ihr für a

Geschrei? Nu, was hat er gesagt, Ochs? Spielt das eine Rolle? Die Hauptsach, daß er wußte, daß Ihr a Rindvieh seid.«

Zwei Juden am Fahrkartenschalter.
»Gebens uns«, sagt der eine, »zwei Karten für Posen.«
»Es gibt keine Karten *für* Posen, sondern *nach* Posen.«
Der Jude bezahlt die Karten und wendet sich an seinen Freund:
»Eppes an Antisemit, er wollte keine Karten für Posen geben, sondern nach Posen, wir werden a Stückele zurücklaufen müssen.«

Nathan und Mosche fahren mit dem Schiff nach Amerika. Während der Reise erhebt sich ein fürchterlicher Sturm. Der Orkan fegt den Schornstein weg, die Masten krachen und stürzen ins Meer. Mosche hebt die Hände zum Himmel:
»Lieber Gott, rette das Schiff!«
Sagt Nathan:
»Was kümmerst du dich um das Schiff? Gehört es etwa dir?«

Ein junger Mann war aus einem kleinen galizischen Städtchen nach Amerika ausgewandert. Jahrelang hatte er sich dort als Schuhmacher durchgeschlagen, arbeitete später sehr aktiv in seiner Innung und wurde schließlich Präsident der Schuhmachergewerkschaft. Voller Stolz berichtet er seiner Mutter über seine Karriere. Darauf bekommt er einen Brief von ihr:
Lieber Sohn! Wenn Gott Dir geholfen hat und Du bist a Präsident geworden in Amerika, bitte ich Dich als Mutter, hab Mitleid mit den Juden. Mamma.

Herschel kommt aus Amerika zu Besuch nach Hause. Er wird von den Eltern mit Begeisterung begrüßt. Die Mutter fragt ihn am nächsten Morgen:

»Herschele, du betest nicht?«
»Ah Mama, das ist in Amerika nicht üblich.«
Als er seine Zahnbürste hervorholt und die Zähne putzt, fragt die Mutter ihn erschrocken: »Herschele, ist das in Amerika so üblich?«
»Ja, Mamma.«
»Herschele, sag mir die Wahrheit, bist du noch beschnitten?«

Ein Jude aus einer kleinen polnischen Stadt war nach Amerika ausgewandert und nach zwanzig Jahren Millionär geworden. Als die Nachricht seinen Heimatort erreicht, unterhalten sich einige Juden darüber in der Gastwirtschaft.
»Stellt euch vor, vor zwanzig Jahren ist Moische von hier nach Amerika gegangen, da hat er nur a Paar zerrissene Hosen gehabt. Und jetzt? jetzt hat er a Million.«
»Nu, was macht er mit a Million zerrissenen Hosen?«

In einer Prager Volksschule stellt der Lehrer den Kindern folgende Aufgabe: Ich gehe in ein Kleidergeschäft und kaufe mir für 25 Kronen einen Anzug. Dann kauf ich mir einen zweiten Anzug für 40 Kronen. Wieviel muß ich bezahlen?
Die Klasse schweigt. Da fragt der Lehrer den kleinen Isidor:
»Isidor, dein Vater hat doch ein Kleidergeschäft, du wirst es doch wissen.«
Isidor überlegt eine Weile:
»Herr Lehrer, Sie werden 55 Kronen bezahlen müssen.«
»Aber Isidor, denk doch nach, 25 und 40 sind doch mehr als 55.«
»Ja, das stimmt vielleicht, aber mein Vater wird Ihnen Rabatt geben, damit Sie wiederkommen.«

Eine arme und einfache jüdische Frau sieht, wie ihr zehnjähriger Sohn ein Buch liest:

»Josele«, sagt sie, »was liest du wieder a Buch, du kannst doch schon lesen.«

Ein zehnjähriger jüdischer Gymnasialschüler wird vom Direktor während des Unterrichts auf dem Korridor angetroffen: »Was machst du hier, warum bist du nicht in der Klasse?«
»Ich darf doch nicht.«
»Wieso darfst du nicht?«
»Sie haben doch jetzt die antisemitische Religion.«

Herr Meierfeld wird vom Lehrer seines Sohnes davon unterrichtet, daß der Junge in Mathematik nicht den Anforderungen der Klasse entspricht. »Sehen Sie«, sagt der Schulmeister, »die Lehrsätze kann Ihr Filius, aber wenn er sie beweisen soll, dann hapert's«.
Darauf der Vater:
»Herr Doktor, mein Josi ist ein wahrheitsliebender Junge. Dem können Sie wirklich ohne Beweise glauben.«

In der Deutschstunde fragt der Lehrer:
»Wie viele Artikel gibt es?«
»Zwei«, antwortet Moritz.
»Wie kommst du darauf?«
»Mein Vater sagt immer: Es gibt nur zwei Artikel, Artikel, die gut gehen und Artikel, die schlecht gehen.«

Der Lehrer versucht den Kindern zu erklären, was unter Seehandel zu verstehen ist. Da meldet sich der kleine Kohn:
»Mein Papa treibt Seehandel ...«
»Wieso?« – fragt der Lehrer. »Soviel ich weiß, hat dein Papa einen Gemischtwarenladen.«

»Aber Papa hat gestern zu Mama gesagt: ›Was ich seh, damit handel ich‹!«

In einer jiddischen Zeitung erschienen folgende Anzeigen:

Junger Mann, der die Absicht hat, zu heiraten, sucht jemand, der ihm das ausreden kann.

In tiefer Trauer gebe ich bekannt, daß meine geliebte Frau Sara ist am 12. April gestorben, nachdem sie unseren ersten Sohn Salomon zur Welt gebracht hat, für den ich eine junge gesunde Amme suche, die das Kind betreut, bis ich eine passende, junge, schöne Frau für die zweite Ehe finde mit einer entsprechenden Mitgift, die mir erlaubt, mein Geschäft mit Oberbekleidung zu vergrößern, Breite Straße 16, wo man erstklassige Ware zu ermäßigten Preisen bekommt.

Jonas Goldenberg

Jankel Rosenstrauch liegt auf dem Sterbebett. Die ganze Familie und Freunde stehen um ihn herum. Der Sterbende spricht mit großer Mühe:
»Vergeßt nicht, daß unser Nachbar, der Schneider, mir 50 Zloty schuldet.«
Die Frau des Sterbenden wendet sich an die Anwesenden:
»Ihr seid Zeugen, daß der Schneider uns 50 Zloty schuldet.«
»Und der Händler Rosen schuldet mir 100 Zloty.«
Und wieder wendet sich die Frau an die Umstehenden:
»Ihr seid Zeugen, daß der Händler Rosen uns 100 Zloty schuldet.«
»Und vergeßt nicht, daß ich dem Fabrikanten Kupfer 200 Zloty schuldig bin.«
»Oh, mein armer Mann, er hat schon sein Bewußtsein verloren, er redet schon ganz irres Zeug.«

»Herr Rosenblum, bitte borgen Sie mir 100 Gulden.«
»Sehr gern, Herr Schapiro, das aber wenn ich aus Karlsbad zurückkomme.«
»Und wann kommen Sie zurück?«
»Woher?«
»Na, aus Karlsbad!«
»Was für Karlsbad? Wer fährt nach Karlsbad?«

Ein Kaufmann schickt ein Telegramm an seinen Lieferanten Chaimowitsch:
»Angebot akzeptiert, erwarte Ware. Hochachtungsvoll Rubinstein.«
Die Beamtin am Schalter sagt:
»›Hochachtungsvoll‹ können Sie ruhig streichen.«
Darauf der Kaufmann:
»Woher kennen Sie denn so gut den Chaimowitsch?«

Moses Rosenblum ist aus Polen nach Amerika ausgewandert. Er ist entzückt von der modernen Technik im Land der unbegrenzten Möglichkeiten. Eines Tages bemerkt er auf einem Bahnsteig, als er gerade auf einen Zug wartete, einen Automaten mit einer Tafel:
Dein Name und Dein Gewicht – 5 Cent.
Rosenblum ist neugierig und riskiert 5 Cent. Und tatsächlich, aus dem Automaten fällt ein Zettel, auf dem steht:
Sie beißen Moses Rosenblum, ihr Gewicht – 143 Pfund. Sie fahren nach New York.
Nein, denkt Rosenblum, das ist unmöglich, das muß ein Zufall sein. Ich probier' es noch einmal.
Und wieder bekommt er einen Schein mit dem gleichen Text. Aber Rosenblum ist mißtrauisch. Er bittet einen Mann, der neben ihm steht, den Wunderautomaten auch einmal auszuprobieren, natürlich auf eigene Kosten. Der Mann ist einverstanden.

Sie heißen Jim Malony, ihr Gewicht – 182 Pfund. Sie fahren nach Boston.
Rosenblum ist entzückt und beschließt, es nochmals zu versuchen. Diesmal bekommt er die Botschaft:
Rosenblum, Du bist ein Trottel, Dein Zug ist vor 5 Minuten abgefahren.

Rabbi Levi Izchak aus Berditschow, einer der geistigen Führer der chassiddischen Bewegung, war nicht nur für seine Gutmütigkeit, sondern auch für seine Schlagfertigkeit bekannt. Eines Tages fragte ihn sein Gegenspieler Rabbi Abraham Katzenellenbogen aus Brest:
»Warum sind Eure Gebete so laut? Warum schreit Ihr so zum lieben Gott? Glaubt Ihr, daß der Allmächtigste so weit weg ist, zu weit, um stille Gebete zu hören?«
»Nein«, antwortete Rabbi Levi Itzhak, »wir wissen, daß der Allmächtigste nah ist und unsere Gebete immer gut hört. Aber wenn wir so laut sind, so nur deshalb, damit Ihr uns hört.«

Eines Tages wurde der Rabbi aus Berditschow zu den Schneidern und Bäckern eingeladen, die Gegner des Chassiddismus waren. Er wurde sehr unfreundlich empfangen. Da sagte er: »In den Heiligen Schriften unserer Väter steht, daß, wenn der Messias kommt, *die Natur* die Menschen mit Brot und Kleidung versorgen wird. Ich habe das nie begreifen können. Aber nun verstehe ich, warum die Welt soll ohne Schneider und Bäcker auskommen.«

In einer polnischen Kleinstadt steht ein Jude vor einem Bahnhofsautomaten. Er liest: *Bahnsteigkarten 10 Pfennig.* Er denkt: Na, werden wir sehen, vielleicht verkauft er auch für 5 Pfennige und wirft einen Fünfer ein. Der Apparat rührt sich nicht. Kommt ein Offizier, steckt 10 Pfennig in den Schlitz und bekommt seine Karte.

Der Jude überlegt, kehrt wieder zurück und wirft noch mal 5 Pfennig ein. Wieder ohne Erfolg. Da schimpft er:
»Ein antisemitischer Automat! Dem Goj hat er verkauft, und mir will er nicht verkaufen.«

Zum Rabbi kommt ein Jude.
»Rabbi, was soll ich tun. Es gibt ein Geschäft zu machen, da kann man viel Geld dabei verdienen. Soll ich es tun?«
»Natürlich mein Sohn, mach das Geschäft.«
»Ja, aber dies ist ein Spekulationsgeschäft. Ich müßte viel Geld investieren, und ich kann es auch verlieren.«
»So mach kein Geschäft.«
»Aber Rabbi, wenn ich es nicht mache, werde ich doch nichts verdienen.«
»So mach das Geschäft.«
»Aber Rabbi, wenn ich es mache, riskiere ich mein ganzes Vermögen.«
»So mach es nicht.«
»Rabbi, gib mir einen Rat, was soll ich tun?«
»Laß dich taufen.«
»Aber Rabbi, soll das etwa helfen?«
»Nein, aber du wirst in Zukunft nicht mir, sondern dem Pfarrer auf die Nerven fallen.«

Paris – 1946.
Ein Jude bemerkt an der Tür eines Eiscafés folgendes Schild: *Goldblatt und Lewy. Juden Eintritt verboten.*
Wütend geht er hinein und wendet sich an den Juden hinter der Theke:
»Herr Goldblatt?«
»Nein, ich bin Lewy.«
»Also Herr Lewy, wie können Sie so ein Schild raushängen, nach

diesem Krieg, wo 6 Millionen unserer Brüder umgekommen sind?«
»Haben Sie schon mal unser Eis gegessen?«

Ein Jude erklärt seinem orthodoxen Bekannten die physikalischen Gesetze:
»Siehst du, das Wasser beginnt zu sieden, wenn es eine Wärme von 100 Grad erreicht hat.«
»Gottes Wunder sind groß«, ruft der orthodoxe Jude. »Aber eins verstehe ich nicht, woher weiß das Wasser, daß es 100 Grad hat?«

Ein emanzipierter Jude lädt einen jungen Talmudisten zum Essen ein. Aber leider gelangen all die guten Sachen, die serviert werden, nicht bis zu seinem Platz am Tischende. Der Gastgeber bemüht sich unterdessen mit dem Talmudisten um ein wissenschaftliches Gespräch und versucht als Freidenker den Glauben des Gastes zu verspotten.
»Na, junger Mann, wie können Sie denn die Erkenntnisse der modernen Wissenschaft mit der Thora und den Talmud vereinbaren? Glauben Sie denn wirklich, daß sich die Sonne bewegt und die Erde stillsteht? Das Gegenteil ist doch seit Jahrhunderten bewiesen.«
»Natürlich hat die Thora recht«, antwortet der Talmudist. »Wenn es wahr wäre, daß sich die Erde dreht, nu, dann müßte sich auch der Tisch drehen und die guten Sachen müßten auch mal vor meinem Teller stehen.«

In einem galizischen Städtchen kommt eine Jüdin tränenüberströmt zum Rabbi.
»O helft mir, Rabbi, mein Sohn ist vom Dach gefallen und hat sich ein Bein gebrochen. Was soll ich machen?«
Der Rabbi streicht sich seinen Bart und fragt kopfschüttelnd: »Wie kommt a Jud' auf a Dach?«

Als ein achtzigjähriger Jude beim Rabbiner seine Scheidung beantragt, fragt dieser staunend:
»Herr Levinsohn, wieso wollen Sie sich nach sechzig Jahren Ehe scheiden lassen?«
»Nu, genug ist genug«, antwortet der Jude.

Ein jüdisches Textilversandhaus hat sich einen neuen Reklametrick ausgedacht: In einem Paket befinden sich dreizehn Blusen, obwohl die Rechnung nur für zwölf ausgeschrieben ist. Die Gratisbluse soll ein Anreiz für den Kunden sein, weitere Waren bei der Firma zu bestellen.
Kurz darauf erhielt die Firma drei Briefe.
Der erste kam aus einer deutschen Kleinstadt:
Sie haben irrtümlich eine Bluse zuviel geschickt, die wir Ihnen anbei zurücksenden. In Zukunft bitten wir, unsere Bestellungen genauer zu beachten und richtig zu zählen.
Der zweite Brief kam aus Böhmen:
Wir bestätigen den Eingang der Ware, mit der wir sehr zufrieden sind.
Und der dritte Brief aus Galizien:
Da die gesandte Ware uns nicht gefällt, erlauben wir uns, diese zu retournieren. Wir wären Ihnen dankbar, wenn Sie uns Blusen mit anderen Dessins zuschicken würden.
In dem zurückgesandten Karton waren genau zwölf Blusen.

Rekrutendrill. Die Kommandos kommen wie Donner vom Himmel: »Schultert das Gewehr! Gewehr bei Fuß! Präsentiert das Gewehr!« Der jüdische Rekrut wendet sich an den Unteroffizier: »Jede Sekunde was anderes. Möchten Sie sich bitte endlich für eine Sache entscheiden?«

Ein junger Mann versucht vergeblich, einen Posten als kaufmännischer Angestellter zu bekommen. Leider Gottes sieht er sehr unscheinbar aus, und so wird er bei Bewerbungen immer wieder abgewiesen. Endlich gelingt es ihm, von Großkaufmann Rosenblum empfangen zu werden. Er verspricht, alles zu tun, um den Boß zufriedenzustellen. Darauf Rosenblum: »Gut, ich werde Ihnen eine Aufgabe stellen. Wenn Sie die Probe bestehen, bekommen Sie einen Posten bei mir. Also, hier haben Sie eine Rechnung für Isidor Gertler. Seit über einem Jahr versuchen wir vergeblich, das Geld einzutreiben. Aber er zahlt schon lange keinem einzigen seiner Lieferanten mehr. Wenn Sie den Betrag für uns hereinbekommen, dann sind Sie mein Mann.«
»In Ordnung«, sagt der Kandidat.
Nach zwei Stunden erscheint er wieder bei Rosenblum und händigt ihm das Geld aus.
»Wie haben Sie das geschafft?« fragt der Kaufmann.
»Ganz einfach«, antwortet der junge Mann. »Ich kam hin und sagte, wenn Sie nicht sofort zahlen, werde ich es allen Ihren Gläubigern erzählen ...«
Da unterbricht ihn Rosenblum:
»Daß er nicht gezahlt hat? Daß ich nicht lache! Das wissen sie doch alle!«
»Im Gegenteil, Chef, erzählen, daß er gezahlt hat.«
Der Richter war wegen seiner Strenge und auch wegen seines Antisemitismus bekannt. Als eines Tages ein Jude als Zeuge geladen war, verlangte er von ihm auf jede seiner Fragen nur die kategorische Antwort: ja oder nein.
Darauf sagte der Jude:

»Herr Richter, das geht nicht. Es ist einfach unmöglich, jede Frage nur mit Ja oder Nein zu beantworten.«
»Es geht, Herr Zeuge, es geht. Und Sie werden nicht nur so antworten können, sondern auch so antworten müssen. Eine kategorische Antwort ist immer möglich.«
»Herr Richter, darf ich Ihnen ein Beispiel dafür geben, daß es nicht immer möglich ist.«
»Ja, bitte.«
»Haben Sie aufgehört, Ihre Frau Gemahlin zu schlagen? Ja oder nein?«

»Rabbi«, sagt ein Jude, »mir ist ein Schirm gestohlen worden. Kein normaler Schirm, sonst wäre ich nicht hier. Er hat einen Griff aus Silber und Elfenbein und stammt noch von meinem Vater.«
»Hast du irgendeinen Verdacht?«
»Ja, es gibt ein paar Personen, denen ich so etwas zutrauen würde.«
»Nun«, sagt der Rabbi, »ich würde an deiner Stelle folgendes tun: Bereite ein gutes Essen vor, eine Mahlzeit mit den besten Speisen, und lade alle Verdächtigen ein. Nach der Mahlzeit lies die Zehn Gebote vor. Wenn du zum siebten Gebot kommst: ›Du sollst nicht stehlen‹, dann prüfe die Gesichter genau. Nun, und dann wirst du schon erkennen, wer deinen Schirm gestohlen hat.«
Der Jude bedankt sich und geht.
Zwei Wochen später trifft der Rabbi den Juden auf der Straße:
»Nun, hat dir mein Rat geholfen?«
»Ja, vielen Dank, Rabbi, dein Rat war hervorragend.«
»Na und, hast du erkannt, wer deinen Schirm gestohlen hat?«
»Rabbi, als ich zum sechsten Gebot kam, fiel mir ein, wo ich meinen Schirm vergessen hatte.«
Ein jüdischer Reisender erhält unterwegs einen Brief von seiner Frau:
»Gib kein Geld für das aus, was du zu Hause umsonst hast.«
Die postwendende Antwort:
»Kannst mir gestohlen bleiben mit deinen Sonderangeboten.«

Zwei Juden sitzen in einem Eisenbahnabteil und unterhalten sich. Sagt der eine:
»Sie werden es nicht glauben, aber ich kann Gedanken lesen.«
»Unmöglich.«
»Wetten wir?«
»Gut, wenn Sie meine Gedanken erraten, zahle ich ihnen 20 Zloty.«
»Einverstanden.«
Der Jude konzentriert sich, schaut tief in die Augen seines Vis-à-vis und sagt:
»Sie fahren nach Hause, um für Ihr Geschäft die Pleite anzumelden.«
Der andere Jude lächelt, holt seine Brieftasche heraus und zahlt 20 Zloty.
»Na, sehen Sie, habe ich also richtig getroffen.«
»Das nicht, aber Sie haben mich auf eine gute Idee gebracht.«

Zwei Juden wurden in einem Keller bei einem Erdbeben verschüttet. Ein Rettungskommando des Roten Kreuzes arbeitet sich durch die Trümmer, um sie zu befreien. Nur noch eine Wand trennt sie. Ein Retter klopft mit dem Hammer gegen die Mauer, um den Verschütteten ein Signal zu geben. Da hört man aus dem Keller eine Stimme:
»Wer ist da?«
»Hier ist das Rote Kreuz.«
»Wir haben schon gegeben.«

Ein armer Jude spricht bei seinem wohlhabenden Onkel vor und bittet ihn um Arbeit. Der arme Schlucker hat aber weder einen Beruf erlernt, noch irgendeine Begabung. Nach einigem Nachdenken meint der reiche Verwandte:
»Ich habe eine gute Arbeit für dich.«
»Was soll ich tun?«

»Du wirst auf dem Feuerwehrturm sitzen und beobachten, ob der Messias kommt.«
»Und was werde ich dafür bekommen?«
»Ich kann dir nur 10 Rubel im Monat zahlen, aber ich versichere dir, dies ist der sicherste Arbeitsplatz der Welt für dich und noch deine Kinder und Enkelkinder.«

Ein armer osteuropäischer Jude wanderte nach Amerika aus. Er hatte keinen Beruf und konnte nur jiddisch lesen und schreiben. Als er in New York ankam, versuchte er, irgendeine Arbeit zu finden. Er meldete sich in einer Synagoge, die einen Schamess, einen Synagogendiener, suchte. Der Vorsitzende des Synagogenrates fragte ihn:
»Kannst du englisch lesen und schreiben?«
»Nein«.
»Nun, es tut mir leid, dann kannst du den Posten nicht bekommen. New York ist New York und kein osteuropäisches Schtetl.«
Betrübt ging der Jude weg, ließ sich aber doch nicht entmutigen und fing an, mit einem Bauchladen zu handeln. Er lebte sparsam und genügsam, bis er eines Tages einen eigenen Laden hatte. Schuftete weiter, wurde reich, stieg in die Immobiliengeschäfte ein und wurde schließlich Millionär. Eines Tages erschien er bei seiner Bank, um ein Millionengeschäft zu erledigen. Der Generaldirektor der Bank empfing ihn mit größter Aufmerksamkeit. Als es zum Abschluß kam, legte der Bankier dem Juden den Vertrag zur Unterschrift vor. Da sagte der Millionär:
»Es tut mir leid, aber ich kann weder englisch lesen noch schreiben.«
Darauf der Bankier erstaunt:
»Oh, Sir, wenn Sie es mit Jiddisch so weit gebracht haben, was könnten Sie dann erst alles erreichen, wenn Sie englisch lesen und schreiben könnten!«
»Das stimmt«, sagte der reiche Jude, »Schames* könnte ich dann werden in einer New Yorker Synagoge.«

* Schames aus dem Hebr. Schamasch = Synagogendiener, Diener beim Rabbiner.

Ein Kaufmann kehrt von einer langen Reise in seine Heimatstadt zurück und erfährt, daß sein bester Freund in der Zwischenzeit gestorben ist. Er geht tief betrübt auf den Friedhof und entdeckt am Grabstein die Inschrift:
»*Hier ruht Henoch Gutmann*
Ein tugendhafter Mensch
Ein ehrlicher Kaufmann«
Er stöhnt:
»Armer Henoch, mit zwei wildfremden Menschen haben sie dich ins Grab gelegt.«

Ein Jude beklagt sich bei seinem Arzt über Schwierigkeiten beim Hören. Eine Untersuchung ergibt, daß die zunehmende Taubheit durch Alkohol verursacht wurde. Der Arzt verbietet dem Patienten das Trinken. Der Jude hört für einen Monat auf. Aber dann hält er es nicht mehr aus und trinkt wieder. Ergebnis: Er verliert fast völlig sein Gehör. Nun erscheint er wieder beim Arzt. Der ärgert sich:
»Ich habe Ihnen doch gesagt, Sie sollen keinen Tropfen Alkohol mehr trinken, weil Sie sonst völlig taub werden.«
»Herr Doktor«, antwortet der Jude, »glauben Sie mir, von all dem, was ich *gehört* habe, war nichts auch nur einen Tropfen Alkohol wert.«

Gespräch im Zug:
»Wo fährst du hin?«
»Nach Warschau.«
»Du Lügner! Du sagst, du fährst nach Warschau, und ich soll meinen, daß du nach Lodz fährst, damit ich nicht erfahre, daß du tatsächlich nach Warschau fährst.«

In New York begegnet ein Jude einem flüchtigen Bekannten, der von ihm Geld leihen will.
»Wie kann ich Ihnen Geld borgen, wenn ich Sie so gut wie gar nicht kenne.«

»Komisch«, antwortet der Mann, »in der alten Heimat wollte mir niemand Geld borgen, weil alle sagten, daß sie mich zu gut kennten. Und hier in diesem meschuggen Land Amerika ist alles umgekehrt.«

Ein reicher Mann hat einen riesigen Diamanten gekauft. Nun will er davon ein Diadem für seine Frau anfertigen lassen. Doch dafür müßte man den Stein durchschneiden und schleifen. Er besucht viele Juweliere, aber alle lehnen ab, weil Gefahr besteht, dabei den Stein zu beschädigen. Endlich empfiehlt ihm jemand einen Juwelier, der es vielleicht wagen würde. Ein kleiner Laden in einer Amsterdamer Seitengasse. Der Reiche wird von einem ärmlich angezogenen Juden begrüßt, der ohne zu zögern den Auftrag akzeptiert. Er nimmt den Diamanten und ruft:
»Chaimke, komm mal her.«
Darauf erscheint ein etwa sechzehnjähriger Junge.
»Chaimke, sieh diesen Stein an, schneide ihn in zwei gleiche Hälften.«
Chaimke nimmt den Diamanten und geht hinter die dünne Wand, wo sich die Werkstatt befindet. Ein kurzes Knirschen und der Junge kommt mit dem sauber durchtrennten Stein zurück. Der Mann bezahlt den Preis dafür, fragt dann aber den Juwelier:
»Mein lieber Herr, wie ist es möglich? Die bekanntesten Juweliere Europas haben es abgelehnt, den Diamanten zu durchschneiden. Sie vertrauen diese Arbeit einem Lehrling an. Ist er ein solcher Spezialist?«
»Aber nein«, antwortet der Jude, »die anderen Juweliere haben es abgelehnt, weil sie den Wert des Diamanten und das Risiko kannten. Ich hätte es auch nicht gewagt. Aber der kleine Chaimke wußte gar nicht, was für einen Schatz er da in der Hand hielt. Da hat ihm die Hand nicht gezittert.«

In dieser Ehe hatte *sie* die Hosen an, und das demonstriert sie bei jeder Gelegenheit. Eines Tages, als ihre Freundinnen zu Besuch

waren, befahl sie ihrem Mann, dem stillen und gehorsamen Schlemiel:
»Kriech unter den Tisch, dort ist dein Platz!«
Der Mann kriecht unter den Tisch ohne ein Wort zu sagen. Ein paar Minuten später kommandiert sie:
»Nun komm wieder hervor!«
»Nein, ich will nicht«, schreit er, »jetzt werde ich dir zeigen, wer hier der Herr im Hause ist.«

Ein Schlimasl* fragt einen reichen Freund:
»Kannst du mir mit einem größeren Betrag aushelfen?«
»Warum denn?« fragt der reiche Mann.
»Weil ich Pech hatte. Wenn du mir kein Geld gibst, dann bleibt mir nichts, dann gehe ich in die Hutbranche.«
»Na und?«, lacht der Reiche.
»Na, und? Fange ich an, mit Hüten zu handeln, dann kommen bei meinem Pech alle Babys ohne Köpfe zur Welt.«
Felsenstein bringt Stoff zum Schneider Grün für einen Anzug. Der Meister mißt den Stoff aus und sagt: »Es tut mir leid, der Stoff reicht nicht.«
Darauf geht Felsenstein zum Schneider Rubinstein, der die Bestellung anstandslos annimmt. Als Felsenstein seinen Anzug abholt, bemerkt er, daß der kleine Sohn des Schneiders Hosen aus seinem Stoff trägt.
»Sagen Sie, Meister, wie ist es möglich, daß Sie von dem Stoff nicht nur meinen Anzug gefertigt haben, sondern daß davon auch noch Hosen für ihren Sohn abgefallen sind. Der Grün hat neulich gesagt, es sei sogar zu wenig Stoff.«

* Siehe Vorwort S. 20. Schlimasl = ein Pechvogel. Aus dem jiddisch-deutschen schlimm + Masl (Glück). Es gibt Forscher, die die Ethymologie des Wortes als hebräisch bezeichnen. Schelo masal = ohne Glück. Der Ausdruck ist als Synonym des Unglücks im Berliner Dialekt verwendet. Siehe S. 106.

»Das ist ganz einfach, mein Herr. Ich habe *einen* Sohn, der Grün hat *zwei*.«

Ein Schnorrer kommt in eine fremde Stadt und meldet bei der Gemeinde, daß sein Haus niedergebrannt sei und bittet um Hilfe für den Wiederaufbau.
Der Rabbi fragt ihn:
»Haben Sie eine Bescheinigung Ihrer Gemeinde, die das Unglück bestätigt?«
»Oh, leider nein, die Bescheinigung ist nebbich mit ein Opfer der Flammen geworden!«

Ein Jude hatte die Angewohnheit, stets ein Fläschchen Schnaps bei sich zu haben. Das tat er auch, als er einmal nach Berlin fuhr und dort mit seiner besseren Hälfte ein Theater besuchte.
Als er in der Garderobe seinen Mantel abgibt, fragt ihn der Platzanweiser, der den Besuchern Operngläser anbietet:
»Vielleicht ein Glas gefällig, mein Herr?«
Darauf der Jude:
»Nun, Sara, woher weiß schon der Dajtsch, daß ich a Fleschl Schnaps in der Tasche habe?«

In einer galizischen Stadt gab es einen berühmten Trauerredner, der allerdings für seine eindrucksvollen Reden viel Geld verlangte. Als eines Tages ein angesehenes Gemeindemitglied starb, wandte sich die Familie an ihn. Zunächst muß natürlich die Kostenfrage geklärt werden.
»Eine große Grabrede, die ich speziell für prominente Mitglieder der Gemeinde parat habe, kostet 200 Gulden. Im Grunde ist sie preiswert, denn alle Anwesenden weinen, der Rabbiner, die Trauergäste, sogar die Sargträger. Mit einem Wort, der ganze Friedhof ist von Tränen überschwemmt.«
»Das ist uns zu teuer«, meinen die Hinterbliebenen.

»Da habe ich dann noch eine Grabrede für 150 Gulden. Mit Garantie, daß alle Trauergäste weinen, und der Rabbi ist in einer entsprechenden Stimmung.«
»Darauf legen wir überhaupt keinen Wert. Haben Sie nichts Billigeres?«
»Da kann ich Ihnen eine Grabrede für 75 Gulden anbieten. Nun aber, da weinen allerdings nur die nächsten Angehörigen.«
»So viel wollten wir eigentlich nicht anlegen.«
»Vielleicht nehmen Sie die Rede für 30 Gulden, sie hat aber einen leicht humoristischen Einschlag!«

Ein Jude wurde zur Beobachtung seines Geisteszustandes in eine psychiatrische Klinik gebracht. Da er sich weigert, Trefe zu essen, bringt man ihm die Mahlzeiten aus einem jüdischen Restaurant. An einem Sabbatnachmittag trifft der Oberarzt den frommen Juden beim Zigarrenrauchen an. Entrüstet stellt er ihn zur Rede:
»Sie verweigern die Spitalkost, weil sie nicht koscher ist, und nun rauchen Sie am Sabbat Zigarren, was doch Ihre Religion auch verbietet.«
»Nu«, sagt der Jude, »wozu bin ich denn meschugge?«

Volksflüche

Sollst haben 100 Häuser, in jedem Haus 100 Etagen, auf jeder Etage 100 Zimmer, in jedem Zimmer 100 Betten, und das Fieber soll dich von einem Bett ins andere werfen, und du sollst nicht krepieren können.

Sollst sein wie ein Radieschen, wachsen mit dem Kopf unter der Erde, und die Würmchen sollen dich fressen.

Sollst sein wie eine Lampe, am Tage sollst du hängen, nachts sollst du brennen, und morgens sollst du ausgelöscht werden.

Sollst haben hölzerne Beine, einen eisernen Bauch und einen Kopf aus Glas. Wenn die Beine brennen, soll dein Bauch glühen und dein Kopf soll platzen.

Sollst auf dem Kopf Krätze haben und zu kurze Hände, um dich kratzen zu können.

Man soll dir alle Zähne ziehen, bis auf einen, und der soll dir immer wehtun.

Man soll dir alle Zähne ziehen, bis auf zwei. Ein Zahn soll dir weh tun, du sollst aber nicht wissen, welcher.

II. Von Rabbis und Wunderrabbis

Der Mann mit den zwei Frauen

Rabbi Ami und Rabbi Assi saßen bei Rabbi Jizchak dem Schmied. Der eine bat Jitzchak, die Halacha* vorzutragen, und der andere die Agada*. Wollte Rabbi Jizchak mit der Haggadah beginnen, protestierte der eine. Schickte er sich an die Halacha zu rezitieren, ließ es der andere nicht zu. Da sagte Jizchak:
»Ich werde euch ein Gleichnis für euer Verhalten erzählen. Es war einmal ein Mann, der hatte zwei Frauen, eine junge und eine alte. Die Junge rupfte ihm die weißen Haare aus, die Alte die schwarzen, bis er überhaupt keine Haare mehr auf dem Kopf hatte.«

Die Armen in jener Welt

Der Rabbi predigte am Sabbat in der Synagoge über die Armen und die Reichen. Er sagte, daß die Menschen, die auf dieser Welt arm seien, in jener Welt, im ewigen Leben, reich, diejenigen aber, die hier im Reichtum lebten, in jener Welt arm würden. Ein paar Tage später erschien ein armer Jude bei dem Rabbiner.
»Rabbi, glaubst du wirklich daran, was du am Sabbat in der Synagoge gesagt hast?«
»Selbstverständlich bin ich davon überzeugt«, antwortete der Rabbi.
»Rabbi, sag mir, werde ich tatsächlich in jener Welt, im ewigen Leben reich sein?«
»Bestimmt.«
»Oh, Rabbi, dann habe ich eine große Bitte an dich. Wenn ich

---

* Siehe Vorwort S. 11.

wirklich drüben reich werde, so borge mir bitte hundert Rubel; ich werde sie dir bestimmt in jener Welt zurückgeben.«
Der Rabbi nahm seine Brieftasche heraus und zählte hundert Rubel ab. Aber als der Jude das Geld nehmen wollte, fragte er:
»Momentchen mal. Sag mir zuerst, was du mit dem Geld machen willst.«
»Oh, Rabbi, ich habe eine gute Idee. Ich kaufe Ware«, antwortete der arme Jude.
»Und bist du sicher, daß du dabei verdienst?«
»Oh, Rabbi, meine Idee ist so raffiniert, daß ich mindestens 500 Prozent dabei verdiene.«
»In diesem Fall«, sagte der Rabbiner, »kann ich dir das Geld nicht leihen. Wenn du so viel verdienst, wirst du ein reicher Mann sein. Wenn du aber hier reich bist, dann bist du in jener Welt arm und kannst mir die hundert Rubel nicht zurückzahlen.«
Und der Rabbi legte die Rubelscheine zurück in seine Brieftasche.

Weisheit und Häßlichkeit

Die kaiserliche Prinzessin in Rom spottete einmal über den verwachsenen Rabbi Jechoschua ben Chananja.
»Der Weisheit Fülle in häßlicher Hülle!«
Der Rabbi fragte sie darauf, worin ihres Vaters Wein aufbewahrt werde.
»In irdenen Krügen«, antwortete die Prinzessin.
Da sagte Rabbi Jechoschua ben Chananja:
»Wie, sollte ein Kaiser den Wein nicht in goldenen Gefäßen aufbewahren?«
Der Prinzessin leuchtete das ein. Sie ließ den Wein durch ihre Sklaven in goldene Krüge füllen. Doch in kurzer Zeit wurde der Wein sauer. Da kam die Prinzessin zu Rabbi Jechoschua ben Chananja:
»Warum hast du mir einen so schlechten Rat gegeben? Der Wein ist in den goldenen Gefäßen sauer geworden.«
Da antwortete Rabbi Jechoschua:

»Du hast mich verspottet wegen meiner Häßlichkeit, da habe ich dir nur die Antwort gegeben: Der Weisheit Hülle in häßlicher Fülle.«

Spinoza

Ein Freidenker fragte einmal einen Talmudisten nach seiner Meinung über Spinozas Behauptung, daß der Mensch nicht höher stehe als ein Tier und daß die Natur des Menschen der des Tieres gleiche.
»Wenn dem so wäre«, antwortete der Talmudist, »dann erkläre mir, warum unter den Tieren kein Spinoza geboren wurde.«

Die Kraft der Theorie

Der alte Rabbiner unterbrach sein Talmudstudium und ging aus dem Zimmer. Als er zurückkam und sich wieder seiner Lektüre widmen wollte, vermißte er seine Brille. Also fing er an nachzudenken, wo sie sein könnte: Vielleicht habe ich sie zwischen den

Buchseiten liegen lassen. Nein. Oder auf dem Tisch. Nein. Irgendwo im Zimmer. Nein. Nun fing der Rabbiner an, nach den Regeln der talmudischen Lehre nachzudenken:
Wo kann meine Brille sein? Nehmen wir an, daß jemand sie gestohlen hat. Wer sollte sie wegnehmen? Entweder jemand, der sie braucht oder jemand, der sie nicht braucht. Wenn es jemand war, der sie braucht, wozu eigentlich, er hat doch eine eigene Brille. Und wenn es jemand war, der sie nicht braucht, das wäre sinnlos? Na gut, nehmen wir an, daß sie jemand genommen hat, der sie einem anderen geben will. Wenn dem so ist, kann er sie verkaufen oder jemandem damit eine Freude machen, der sie braucht, oder aber jemandem schenken, der sie nicht braucht. Derjenige aber, der sie braucht, hat aber sicher eine eigene Brille und derjenige, der sie nicht braucht, hat doch keinen Grund, sie zu kaufen. Es kann also weder einer sein, der die Brille braucht und eine eigene hat, noch einer, der sie nicht braucht. Es muß sich also um jemanden handeln, der seine Brille verloren oder aber die Brille von der Nase auf die Stirn gerückt und es vergessen hat. Das könnte zum Beispiel – ich selbst sein.
Nun hob der alte Rabbi seine Hand und fühlte seine Brille auf der Stirn. Der Rabbi beendete damit seine philosophisch-talmudische Analyse und rief begeistert:
»Gesegnet sei der Allmächtigste, der mir die Möglichkeit gab, die Weisheit des Talmud zu beherrschen, durch die ich meine Brille wiederfinden konnte.«

Der liebe Gott wird helfen

Vor den Pasach-Feiertagen kam ein armer Jude verzweifelt zum Rabbiner.
»Rabbi«, sagte er mit Tränen in den Augen, »ich bin in einer schrecklichen Lage. Die Feiertage nähern sich, und ich weiß nicht, was ich machen soll. Ich habe kein Geld für Matzes, ich habe kein Geld für Wein, ich kann mich nicht in der Synagoge blicken las-

sen, da wir alle, meine Frau, meine Kinder und ich in Lumpen herumlaufen. Mit einem Wort, ich habe tausend Sorgen.«
»Klage nicht«, sagte der Rabbiner, »der Allmächtigste wird schon helfen.«
»Aber Rabbi, wie wird mir geholfen werden? Diese vielen Sorgen gehen über meine Kräfte.«
»Klage nicht, wir werden sehen, was du alles für die Feiertage brauchst. Sag, wieviel Geld brauchst du für Matzes, Wein und Lebensmittel?«
»Was weiß ich? Ich glaube, ich werde mit 25 Zloty auskommen.«
»Na gut, und wieviel brauchst du für die neuen Kleider deiner Kinder?«
»30 Zloty werden genügen.«
»Und wie teuer ist ein neues Kleid für deine Frau?«
»Mindestens 20 Zloty.«
»Und ein Anzug für dich?«
»Auch 20 Zloty.«
Der Rabbi notierte die angegebenen Summen, zählte alles zusammen und erklärte:
»Du brauchst also insgesamt 95 Zloty. Na siehst du, jetzt hast du nicht die vielen Sorgen mehr um Matzes, Lebensmittel und die Kleider deiner Familie. Jetzt hast du nur die *eine* Sorge, woher du die 95 Zloty nehmen sollst.«

Der Fuhrmann des Zaddik*

Der berühmte Rabbi Jakob aus Dubno wurde oft als Prediger in verschiedene Städte eingeladen. Er war in ganz Osteuropa für seine Redekunst bekannt. Überall wurde er mit Freude und Begeisterung begrüßt und wegen seiner Predigten, Parabeln, seiner Weisheit und seines Wissens geehrt. Der Fuhrmann des Rabbis war

---

* Zaddik (hebr.) = der Gerechte, der Fromme, der Wundertäter. Ein Wunderrabbi.

von der Ehre, die man seinem Rabbi erwies, sehr beeindruckt, aber er beneidete ihn auch. Eines Tages, als er wieder einmal mit dem Rabbi unterwegs war, sagte er:
»Rabbi, ich bewundere dich, aber ich beneide dich auch. Überall, wo wir hinkommen, ehrt man dich und empfängt dich wie einen Kaiser. Rabbi, ich habe eine große Bitte. Ich möchte diese Ehre wenigstens einmal selbst erleben. Gib mir die Chance. Ich werde deine Kleider anziehen und in der nächsten Stadt als der berühmte Rabbi Jakob auftreten.«
Rabbi Jakob lächelte und sagte:
»Einverstanden. Aber es gibt da eine Schwierigkeit. Wie du weißt, begegnet man mir nicht nur mit der Ehrfurcht, sondern man stellt mir auch schwere talmudische Fragen und erwartet von mir, daß ich komplizierte Probleme der Thora kommentiere. Was machst du dann?«
»Rabbi, damit werde ich schon fertig, und wenn nicht, dann sagen wir, daß alles nur ein Spaß war.«
Der Rabbi willigte ein. Sie tauschten die Kleider, und so kamen sie in die nächste Stadt. Die Juden dort ehrten den berühmten Rabbi Jakob und luden ihn in die Talmud-Schule, die Jeschiwe, ein. Hier stellten die Talmudisten dem großen Rabbi und Gelehrten eine schwierige philosophische Frage. Der echte Rabbi stand dabei und war neugierig, was sein Fuhrmann nun machen würde. Der Kutscher setzte eine strenge Miene auf und erklärte:
»Was, solche kindischen Fragen stellt ihr mir, dem berühmten Zaddik von Dubno? Diese Fragen kann auch mein Kutscher mühelos beantworten. Hej, Fuhrmann, komm her und antworte.«

Und nach vierzig?

Zu einem großen Talmud-Gelehrten kam eines Tages ein junger Talmudist mit seiner ersten wissenschaftlichen Arbeit und bat um sein Urteil.
Nach der Lektüre gab der Rabbi dem jungen Mann folgenden Rat:

»Mein Sohn, wenn du ein Gelehrter sein und Bücher über die heilige Thora und den Talmud schreiben willst, mußt du auf alles verzichten und dich nur der Wissenschaft widmen. Du mußt dich auf Hunger und Not vorbereiten, du mußt damit rechnen, nur von Almosen guter Menschen zu leben. Dieses Leben mußt du bis zur Vollendung des 40. Lebensjahres führen.«

»Und später?« fragte der junge Mann.

»Später«, lächelte der Rabbi, »später wirst du daran gewöhnt sein.«

Die gute Eigenschaft

Ein junger Talmudist kam zum Rabbiner, um Rat zu holen. Sein Vater hatte ihn mit einem Mädchen verlobt, das reich, aber häßlich war.

»Rabbi, meine Braut ist so häßlich, daß ich nicht weiß, wie ich es mit ihr aushalten soll.«

»Mein Sohn«, sagte der Rabbi, »ich sehe keinen Grund zum Klagen. Betrachte die Sache vom talmudischen Standpunkt. Womit beschäftigst du dich? Du studierst die heilige Lehre. Deine Braut ist häßlich, das ist eine Tatsache. Nu, was kommt dabei heraus? Wenn du in der Schule sitzt und den Talmud studierst, den ganzen Tag lang, wirst du sie anschauen? Nein, also. Und wenn du nach Hause kommst zum Essen, wirst du sie anschaun? Nein, also. Und wenn du schlafen gehst, in der Dunkelheit, wirst du sie anschaun? Nein, also. Und wenn du schläfst, wirst du sie anschaun? Nein, also. Und wenn du endlich ein bißchen Freizeit hast, wirst du sie anschaun? Nein, du wirst einfach spazierengehen. Du siehst, es gibt überhaupt keinen Grund zum Klagen.«

Das Wunder

Ein Rabbi erzählte seinen Schülern eine Geschichte aus dem Midrasch*:
»Eine arme Mutter hatte kein Geld, um ihr kleines Kind zu ernähren. Schweren Herzens setzte sie es im Wald aus. Ein Holzfäller fand das weinende Kind. Er nahm den Säugling auf die Arme und versuchte ihn zu beruhigen. Aber vergebens. Das kleine Wurm hatte Hunger. Der Holzfäller war ratlos; denn er hatte kein Geld, um Milch zu kaufen. Und was, meint ihr, hat der Allmächtigste getan? Er ließ ein Wunder geschehen. Dem Holzfäller wuchsen plötzlich weibliche Brüste voller Milch. Nun konnte er den Säugling stillen.«
Als der Rabbi seine Erzählung beendet hatte, sah man auf den Gesichtern der Schüler Begeisterung und Bewunderung, nur einer war offensichtlich unzufrieden. Der Rabbi fragte:
»Du scheinst mit der Geschichte nicht einverstanden zu sein, was ist?«
»Die Geschichte gefällt mir schon, aber eins kann ich nicht verstehen. Warum hat der Allmächtigste ein Wunder geschehen lassen, das gegen die Gesetze der Natur verstößt? Der liebe Gott konnte doch ein anderes Wunder geschehen lassen als den Wuchs weiblicher Brüste bei einem Mann. Er konnte zum Beispiel dem Holzfäller einen Sack voll Geld vom Himmel herabwerfen. Davon hätte er dann eine Amme bezahlen können, das Kind wäre satt geworden, und die Gesetze der Natur wären nicht verletzt.«
Darauf antwortete der Rabbi:
»Junger Mann, du studierst doch den Talmud und bist ein denkender Mensch. Sag selbst, wenn der Allmächtige solch ein Wunder geschehen lassen kann, daß dem Holzfäller weibliche Brüste wachsen, warum sollte er dann bares Geld ausgeben?«

---

* Midrasch, siehe Vorwort S. 11 und 12.

Zwei Schulen

In die Wohnung des armen Melamed, des Religionslehrers, kamen zwei Gerichtsvollzieher und pfändeten Leuchter, das Kopfkissen und die Schlafdecke. Am nächsten Tag klagte Melamed beim Rabbi:
»Rabbi, ich kann nicht begreifen, was die Gerichtsvollzieher getan haben. Wenn sie zu denen gehören, die meinen, daß die Nacht zum Schlafen da sei, warum haben die dann mein Bettzeug genommen? Wenn sie aber zu denen gehören, die meinen, daß die Nacht zum Lernen da sei, warum haben sie mir dann die beiden Leuchter genommen, ohne die ich den Talmud nicht studieren kann.«
»Wie viele Gerichtsvollzieher waren es?«
»Zwei.«
»Also, die Sache ist ganz einfach zu erklären. Der eine gehört zu der Schule, die meint, daß die Nacht zum Schlafen da sei, und der hat dir die Leuchter genommen. Der andere gehört zu der Schule, die meint, daß die Nacht zum Studieren da sei, und der hat dir dein Bettzeug genommen.«

Gute Ratschläge

Ein Jude kommt besorgt zu seinem Rabbi:
»Rabbi. Eine Seuche hat meine Hühnerzucht befallen. Gib mir einen Rat.«
Der Rabbi überlegt eine Weile:
»Du solltest die Hühner nur mit Brot in Milch getunkt füttern.«
»Danke, Rabbi.«
Ein paar Tage später kommt der Jude wieder. Der Rat hatte nicht geholfen. Die Hühner fielen weiter tot um.
Da sagte der Rabbi:
»Versuche es mal mit Weizen.«
Aber auch dieses Rezept blieb erfolglos. Und so wiederholte sich die Geschichte noch ein paarmal. Nach dem Weizen sollte er die Hühner mit Hafer, dann mit Gerste füttern.

Schließlich kommt der Jude verzweifelt zum Rabbi und lamentiert:
»Nun sind alle Hühner tot, ich habe kein einziges mehr.«
»Ach, wie schade«, sagte darauf der Rabbi, »ich hatte noch so viele Ratschläge.«

Ein Deposit

Beim Rabbiner eines kleinen polnischen Städtchens erscheint am Freitag ein fremder Jude.
»Rabbi«, sagt er, »ich bin hierher gekommen, um Geschäfte zu machen und habe viel Geld bei mir, 20 000 Rubel. Jetzt kommt der Sabbat, und ich will die große Summe nicht bei mir behalten. Würdest du den Betrag über Sabbat aufbewahren?«
»Aber natürlich«, meint der Rabbi, »ich werde die Mitglieder des Gemeindevorstandes als Zeugen rufen. Wir zählen dann zusammen das Geld, und am Sonntag kannst du es wieder abholen.«
Gesagt, getan. Die Zeugen zählten das Geld, und der Rabbi schließt es ein.
Am Sonntag erscheint der Jude beim Rabbiner, um sein Geld wieder in Empfang zu nehmen.
»Geld?« fragt verwundert der Rabbi. »Was für Geld?«
»Aber Rabbi, ich habe dir doch in Gegenwart von Zeugen als Deposit 20 000 Rubel anvertraut. Du hast die Zeugen selbst gerufen, es waren die Mitglieder des Gemeindevorstandes.«
»Das erste, was ich höre«, erwiderte der Rabbi. »Aber wir werden es gleich prüfen.«
Er läßt den Gemeindevorstand zusammenrufen:
»Wißt ihr etwas über das Geld, das mir dieser Mann in eurer Gegenwart anvertraut haben will?«
»Geld? Was für Geld?«
»Aber Juden, ich habe dem Rabbi doch meine ganze Barschaft in eurer Gegenwart übergeben. Ihr habt es doch selbst nachgezählt«, schreit der Kaufmann erbost.
»Wir? Gezählt? Das erste, was wir hören!«

»Na, schon gut, ihr könnt gehen«, sagt der Rabbi.
Der fremde Jude rennt durch das Zimmer und rauft sich die Haare. Der Rabbi aber geht ruhig zu seinem Tresor, holt das Paket mit den 20 000 Rubeln heraus und sagt:
»Hier hast du dein Geld.«
»Rabbi, wozu denn diese ganze Komödie?«
»Ich wollte dir nur zeigen, mit wem ich hier bei uns in der Stadt arbeiten muß.«

Der Streit

Ein Rabbiner war mit dem Pferdefuhrwerk unterwegs. Der Kutscher schlug das Pferd mit der Peitsche. Da sagte der Rabbi:
»Warum schlägst du das arme Tier, das ist eine Sünde.«
»Rabbi, ich weiß es, aber ich muß dich doch ans Ziel bringen, und das Pferd will den Wagen nicht ziehen. Ich schlage das Pferd, weil ich recht habe.«
»Aber sag«, antwortete darauf der Rabbi, »was hast du von deinem Recht in einem Streit, in dem dein Gegner ein Pferd ist.«

Der Wundermacher

Zwei Chassidim* unterhalten sich über ihre Wunderrabbis. Der eine prahlt: »Mein Rabbi macht Wunder, die man sich kaum vorstellen kann. Als er einmal am Sabbat eine Predigt über die Unverbesserlichkeit der Sünder hielt, rief er: ›O lieber Gott, bestrafe die Sünder und zertrümmere die Mauern dieser Synagoge, damit die

---

* Chassid (Plural Chassidim), aus dem hebr., = ein Frommer, ein Barmherziger. Ein Anhänger des Chassidismus, einer Richtung in der jüdischen Religion, die sich auf Mystizismus und Kabbalistik stützt. Der Chassid wurde in der zweiten Hälfte des 8. Jahrhunderts in Polen von Israel Baal Schem Tov gegründet. Der Chassid verbreitet das Glauben an Wunderrabbis (Zaddikim), dessen Würde erblich ist.

Sünder vernichtet werden‹. Aber die erschreckten Juden baten: ›Rabbi, wir sind zwar große Sünder, aber in der Synagoge gibt es auch fromme Menschen, unschuldige Frauen und Kinder; sollen sie für die Sünden der anderen mitgeopfert werden?‹ Und stell dir vor, der Rabbi ließ sich überreden, er erbarmte sich der Unschuldigen, hob seine Hände gen Himmel und rief: ›Allmächtiger, um der Unschuldigen willen, zertrümmere die Mauern der Synagoge nicht.‹ Und was meinst du, es geschah ein Wunder, die Mauern der Synagoge blieben stehen.«

Die Kraft des Wunders

Dialog zweier Chassidim:
»Mein Rabbi, der Zaddik von Kock, war unterwegs, plötzlich fing es an zu regnen. Der Zaddik aber hatte keinen Regenschirm. So machte er mit der linken Hand und mit der rechten Hand ein Zeichen. Und es geschah ein Wunder. Links und rechts von ihm regnete es, aber in der Mitte, dort, wo der Rabbi ging, blieb es trocken.«
»Schon ein kleines Wunder, ja«, sagte der andere Chassid. »Aber mein Rabbi, der große Zaddik von Aleksandrow, der macht richtige Wunder. Auch er war einmal unterwegs, es war an einem Freitag. Plötzlich erscheint der erste Stern am Himmel – es ist schon Sabbat, der heilige Sabbat –, und wie kann da ein frommer Jude reisen und erst recht mein heiliger Rabbi! So machte er mit der linken und mit der rechten Hand ein Zeichen, und es geschah ein Wunder. Links war Sabbat und rechts war Sabbat, aber in der Mitte war noch immer Freitag, und er kam noch vor Sabbat nach Hause.«

Wer ist berühmt?

»Wenn mein Zaddik, der große Rabbi von Berditschow, nach Warschau kommt, dann versammeln sich alle Einwohner auf den Stra-

בְּכִי וְנִכְלָאוֹת

ßen und rufen: ›Seht ihn euch an, das ist der große Wunderrabbi aus Berditschow‹«, brüstet sich ein Chassid.
»Das soll berühmt sein?«, fragt ein anderer. »Mein Rabbi, der große Zaddik von Ger, war zu Besuch in Rom und hat natürlich auch den Papst besucht. Als dieser ihn dann in seinem Wagen in seine Residenz bringen ließ, haben alle Römer gefragt: ›Wer ist der Goj im weißen Gewand, der neben dem großen Zaddik aus Ger sitzt?‹.«

Die Synagoge in Gorlic

»Mein Rabbi«, erzählt ein Jude, »stand einmal am Fenster, plötzlich rief er: ›Juden, ein Unglück ist geschehen, die Synagoge in Gorlic steht in Flammen‹. Kannst du dir das vorstellen, von Tarnow bis Gorlic sind es mindestens 60 Kilometer!«
»Na und, hat es wirklich gebrannt?«
»Nein, aber solch einen Blick zu haben ...«

Die Rettung

»Unser Rabbi«, erzählte ein Chassid, »ging über einen schmalen Steg und fiel ins Wasser. Das Wasser war sehr tief, und der Rabbi konnte nicht schwimmen. In seiner Todesangst erinnerte er sich, daß er zwei Heringe in der Tasche hatte. Er holte sie heraus, und es geschah ein Wunder, die Heringe wurden lebendig. Der Rabbi hielt sich an ihren Schwänzen fest, und so brachten sie ihn heil ans Ufer.«
Der andere Chassid darauf:
»Das ist unmöglich. Wo hast du den Beweis dafür?«
»Einen Beweis? Der Rabbi lebt doch!«

Das Wunder mit den Fischen und dem Mond

Zwei Chassidim streiten, welcher ihrer Wunderrabbis der größte sei.

»Es war Sommer, ein heißer Sommer, und es herrschte eine schreckliche Dürre, alles Wasser versiegte. Und wo kein Wasser ist, da gibt es auch keine Fische. Was soll man machen, wenn es an Fisch für Sabbat fehlt? Der Zaddik mußte helfen. Er betete inbrünstig am Ufer des ausgetrockneten Teiches und flehte den lieben Gott an, den Juden zu helfen und Fisch für den heiligen Sabbat zu besorgen. Und da geschah ein Wunder: erst tauchten ein, dann zwei, dann hundert Fische auf, schließlich tausende, und alle Juden hatten genug Fisch für den heiligen Sabbat.«

»Aber mein Rabbi«, sagte der andere, »macht bessere Wunder. Es war am Sabbat, die Juden warteten auf den Mondaufgang, um gemeinsam das Mondgebet zu sprechen. Aber es war wolkig und trüb, der Mond blieb verdeckt. Was tat mein Rabbi? Er betete zum lieben Gott, da geschah ein Wunder. Es erschien ein Mond, dann ein zweiter, dann hundert, dann tausend ...«

»Hör mal, du lügst«, sagt der erste.

»Wieso?«

»Es gibt doch nur einen Mond.«

»Na gut, wir können uns einigen. Du läßt was vom Fisch deines Rabbis nach und ich von den Monden meines Rabbis.«

Das Vertrauen auf den lieben Gott

Es herrschte eine schreckliche Dürre. Da kamen die Juden zum Rabbi und baten ihn, ein Wunder zu tun und es endlich regnen zu lassen.

»Es wird kein Wunder geben, denn ihr habt keinen Glauben«, zürnte der Rabbi.

»Wären wir denn zu dir gekommen und hätten dich um ein Wunder gebeten, wenn wir nicht fromm und gläubig wären?«

»Nein«, antwortete der Rabbi. »Wenn ihr den Glauben hättet, dann wäret ihr schon mit Regenschirmen hierher gekommen.«

Die Engel und der Rabbi

»Mein Rabbi«, erzählt ein Jude, »ist ein heiliger Mensch und hat sehr gute Beziehungen zum Himmel. Wenn er seine Ehepflichten erfüllen will, dann erscheinen zwei Engel und tragen ihn ins Bett seiner Frau. Und wenn er seine Ehepflichten erfüllt hat, kommen vier Engel und bringen ihn zurück.«
»Aber warum vier Engel?«
»Glaubst du vielleicht, zwei Engel hätten Kraft genug, den Rabbi von seiner schönen jungen Frau wegzuschleppen?«

Der Levinsohn

Zum Gemeinderabbiner kommt ein Jude:
»Rebbe, Levinsohn hat das Zeitliche gesegnet, er lebte in Not und Elend und ist verhungert.«
Darauf der Rabbi:
»Das ist unmöglich, ein Jude kann nicht Hungers sterben ...«
»Aber Rebbe, so war es doch.«
»Siehst du, er hätte zu uns in die Gemeinde kommen sollen. Es wäre ihm geholfen worden.«
»Aber Rebbe, er, der Levinsohn, stammte doch aus einer bekannten Familie, er schämte sich zu schnorren.«
»Na, siehst du, daß ich recht habe. Er ist nicht am Hunger gestorben, sondern an der Scham.«

Parabel vom Krieg

»Rebbe, sag, wird Krieg sein?«
»Ich werde dir mit einer Parabel antworten. Also stell dir vor Baron Rothschild hat dich zum Essen eingeladen. Du kommst in einen

großen Saal, da stehen schon die reich gedeckten Tische mit feinsten Porzellantellern und kostbaren Silberbestecken. Die Köche haben die erlesensten Speisen zubereitet. Diener und Kellner stehen parat. Die eleganten Damen und Herren sitzen schon an der Tafel und warten ... Und meinst du, wenn Rothschild die ganze Gesellschaft eingeladen hat, die Tische gedeckt, die Gerichte gekocht sind, Diener und Kellner bereitstehen, nun, glaubst du, wird man kein Essen servieren?«

Ein Hirte führte seine Schafherde durch die Gegend. Die Schafe waren räudig. Ein Rabbi kam vorbei, schaute die Schafe an und fragte:
»Warum heilst du deine Schafe nicht?«
Darauf der Hirte:
»Meine Gebete und der Segen meines Vaters werden meine Schafe heilen.«
Der Rabbi lächelte und sagte:
»Wenn du dazu noch eine gute Salbe verwendest, werden deine Gebete und der Segen deines Vaters bestimmt helfen.«

Die politische Situation war brenzlig, der Krieg schien unvermeidlich. Zwei junge Talmudisten diskutierten darüber. »Ich wäre höchst unglücklich, wenn ich eingezogen würde. Ich bin kein Mensch für die Armee, für den Krieg, für das Töten. Aber ich bin gesund und kräftig, und so fürchte ich, daß ich Soldat werden muß.«
Darauf der andere:
»Nun, was fürchtest du? Versuchen wir das Problem zu analysieren, so wie wir es in der Talmudschule gelernt haben.
Es gibt immer zwei Möglichkeiten: entweder bricht der Krieg aus oder er bricht nicht aus. Gibt es keinen Krieg, na, dann gibt es auch keinen Grund, Angst zu haben. Bricht der Krieg aber aus, dann gibt es wieder zwei Möglichkeiten. Entweder nehmen sie dich oder sie nehmen dich nicht. Nehmen sie dich nicht, nun, dann bist du

aus dem Schneider. Und wenn sie dich aber nehmen, dann gibt es immer noch zwei Möglichkeiten: entweder du kommst in eine Fronteinheit oder nicht. Wenn nicht, brauchst du keine Angst zu haben. Und wenn ja, dann gibt es zweierlei: entweder du wirst verwundet oder nicht. Wenn nicht, gut, und wenn ja, dann gibt es wieder zwei Möglichkeiten: entweder du wirst schwer verwundet oder leicht. Wenn leicht, dann mußt du dir keine Sorgen machen. Wirst du aber schwer verwundet, so gibt es immer noch zwei Möglichkeiten: entweder du stirbst oder du bleibst am Leben. Bleibst du am Leben, gibt es keinen Grund, sich aufzuregen. Und wenn du stirbst, gibt es wieder zwei Möglichkeiten: entweder man wird dich auf einem jüdischen Friedhof begraben oder nicht. Wenn du auf einem jüdischen Friedhof begraben wirst, gibt es kein Problem, und wenn nicht, nun, da gibt es immer noch zwei Möglichkeiten... Wovor hast du eigentlich Angst, vielleicht gibt es überhaupt gar keinen Krieg.«

In einer polnischen Stadt lebte ein Arzt, der sich mehr um die Honorare als um die Patienten kümmerte. Eines Tages erkrankte die Frau eines armen Mannes. Nach der Untersuchung der Patientin sagte der Doktor:
»Ein komplizierter Fall, die Behandlung wird viel Zeit und teure Medikamente beanspruchen. Ich glaube kaum, daß Sie so viel Geld auftreiben können.«
»Herr Doktor«, sagte der arme Mann, »ich bitte Sie, retten Sie das Leben meiner Frau. Ich werde alles bezahlen, auch wenn ich meinen ganzen Besitz verpfänden muß.«
»Und wenn ich Ihre Frau nicht heile, werden Sie dann auch bezahlen?« fragte der Arzt.
»Ob Sie meine Frau heilen oder töten, ich werde in jedem Fall bezahlen«, antwortete der Mann.
Einige Tage nach dem Beginn der Behandlung starb die Frau. Kurz darauf verlangte der Arzt die ungeheure Summe von 1000 Zloty von dem Witwer. Der arme Mann erklärte, daß er einen solchen

Betrag nicht aufbringen könne. Und so gingen sie schließlich zum Rabbi.
Dieser hörte die beiden an und fragte den Arzt:
»Sag mal, wie lautete die Verpflichtung des Mannes?«
»Er hat sich verpflichtet, die von mir verlangte Summe zu zahlen, auch wenn er sein gesamtes Hab und Gut versetzen müßte, ganz gleich, ob ich seine Frau heile oder töte.«
Da fragte der Rabbi:
»Hast du sie geheilt?«
»Nein.«
»Hast du sie getötet?«
»Wo denkst du hin.«
»Warum also verlangst du das Geld von diesem Mann?«

In einem kleinen Ort lebte ein Mann, ein echter Schlimasl*. Er war arm und ein Pechvogel dazu. Mit Mühe und Not verdiente er sein bißchen Brot. Aber eines Tages fand er auf der Straße einen Geldbeutel mit 100 Rubel. Er freute sich sehr und glaubte, daß sein Pech ihn nun endlich verlassen habe. Am nächsten Tag verkündete der Vertreter der Gemeinde in der Synagoge, daß der reichste Mann im Städtchen seinen Geldbeutel mit einer großen Summe Geldes verloren habe. Dem ehrlichen Finder wurde ein hoher Finderlohn versprochen. Der arme Mann schlief die ganze Nacht nicht, er quälte sich. Nun, was sollte er tun; er war ein rechtschaffener Mann, und er rechnete damit, daß der Reiche ihn für seine Ehrlichkeit gut belohnen würde. So brachte er am nächsten Tag den Beutel mit dem Geld dem reichen Mann. Der nahm ihn, zählte das Geld und sagte nicht einmal Dankeschön.
Darauf der arme Mann:
»Sie haben doch einen Finderlohn versprochen.«
»Was, einen Finderlohn willst du auch noch? Verschwinde! In

---

* Siehe S. 55.

meinem Beutel waren 200 Rubel. Sie haben sich schon die Hälfte als Finderlohn genommen.«
Darauf der arme Mann:
»Gehen wir zum Rabbi, er soll entscheiden.«
Der hörte die beiden an und fragte den Reichen:
»Wieviel Geld hattest du in deinem verlorenen Beutel?«
»200 Rubel.«
»Wieviel waren in dem Beutel, den dir dieser Mann überbrachte?«
»100 Rubel.«
»Also kann dir der Beutel gar nicht gehören. Du mußt das Geld sofort zurückgeben.«

Ein Jude stand früh auf, um in der Nachbarstadt Ware einzukaufen. Unterwegs wurde er im Wald von Räubern überfallen und beraubt. Er kam zum Rabbi und fragte:
»Rabbi, die Väter lehren doch, daß der gesegnet sei, der früh aufsteht. Ich habe diese Lehre befolgt und wurde doch von Räubern überfallen. Stimmt die Lehre nicht?«
»Du vergißt«, antwortet der Rabbi, »die Räuber sind eben noch früher aufgestanden als du.«

Ein Jude kam zum Wunderrabbi und bat ihn, seine schwerkranke Frau vor dem Tode zu retten.
Der Rabbi betete inbrünstig und sagte zu dem Juden:
»Geh nun ruhig nach Hause, ich habe dem Todesengel die Todessense aus den Händen geschlagen.«
Der Jude ging beruhigt heim. Ein paar Stunden später kam er weinend zurück.
»Rabbi, es hat nichts geholfen. Meine Frau ist gerade gestorben.«
»So etwas! Ich habe dem Tod die Sense doch selbst aus den Händen geschlagen. Er muß sie mit bloßen Händen erwürgt haben.«

Weil der Rabbi dringend in die benachbarte Stadt mußte, hatte er den armen Fuhrmann angeheuert. Der Wagen war alt, das Pferd altersschwach. Drum sagte der Kutscher als der Weg bergauf ging:
»Rabbi, würden Sie bitte aussteigen, es wird zu schwer für das Pferd.«
Der gutmütige Rabbi stieg aus. Nach einer Weile sagte der Kutscher: »Rabbi, schieben Sie ein bißchen mit?«
Der Rabbi half. Als der Weg bergab ging, wollte der Rabbi einsteigen, aber der Kutscher hielt ihn zurück:
»Lieber Rabbi, ich habe keine Bremse und das kann gefährlich werden.«
Und so kamen sie schließlich zu Fuß ins Städtchen. Da sagte der Rabbi: »Hier hast du dein Geld für die Fahrt. Aber erkläre mir eins: Schau, ich mußte unbedingt in die Stadt, deshalb habe ich den Weg zu Fuß mitgemacht. Und du mußt ein paar Groschen verdienen, um deine Familie zu ernähren, also mußtest du auch mitmachen. Aber erkläre mir, wozu haben wir eigentlich das arme abgemagerte Tier mitgeschleppt?«

Ein junger Talmudist bat den großen Rabbi von Wilna, den Wilnaer Gaon*, seine erste wissenschaftliche Abhandlung zu beurteilen und zu empfehlen.
Der Rabbi las die Arbeit und schrieb eine relativ gute Empfehlung. Der junge Mann las sie mit Freude, fragte dann aber: »Rabbi, aber warum hast du so viel Platz gelassen zwischen dem Text und deiner Unterschrift?«
»Der Talmud sagt doch, von der Lüge sollst du Abstand nehmen.«

Ein Chassid betet am Versöhnungstag mit Inbrunst, er schlägt sich beim Aufsagen der Sünden heftig auf die Brust, sein Gebet geht in

---

* Gaon (hebr.) = Gelehrter, Genie. Siehe Personenregister.

einen Schrei über. Da beugt sich sein Nachbar, ein bekannter Gelehrter, zu ihm und flüstert:
»Hören Sie, mit Gewalt werden Sie hier nichts ausrichten.«

Itzik Blast starb auf einer Geschäftsreise nach Wien. Es war niemand bei ihm als sein Bruder und Kompagnon Hirsch. Nach der Beerdigung behauptete der Bruder, der Verstorbene habe ihn kurz vor seinem letzten Atemzug mit folgenden Worten zum Erben eingesetzt:
»Von meinem Vermögen gib meiner Frau so viel, wie du willst. Das übrige soll dir gehören, weil du mir die Augen zudrücken wirst.«
So wollte der Bruder von dem Gesamtvermögen von fünfzigtausend Gulden der Witwe nur fünftausend geben. Damit ist aber die Frau nicht einverstanden, und sie kommen zum Rabbiner.
Hirsch, der als habsüchtiger Mann bekannt ist, lehnt jeden Vergleich ab und beruft sich auf die Heiligkeit der letzten Worte eines Sterbenden. Der Rabbi hört beide Parteien an und wendet sich dann an Hirsch:
»Du kannst also beschwören, daß die letzten Worte deines Bruders lauteten: Du sollst meiner Frau geben so viel wie du willst, und das übrige soll dein sein.«
»Ja, Rabbi, so hat er gesagt.«
»Und dein Bruder hat dich gut gekannt, wie auch alle Menschen hier dich kennen, ja?«
»Ja, Rabbi.«
»Nun sage, Hirsch, wieviel willst du vom Vermögen deines Bruders?«
»Fünfundvierzigtausend Gulden.«
»Also, warum willst du deine Schwägerin betrügen?«
»Wieso betrügen? Er hat es doch so gesagt.«
»Eben, er hat dich gut gekannt und hat gesagt: Du sollst meiner Frau geben, so viel *wie du willst*, das heißt, du sollst ihr fünfundvierzigtausend Gulden geben, der Rest gehört dir. Also, dir gehören die übrigen fünftausend, du Betrüger.«

Ein Jude kommt zu seinem Rabbi und bittet um Rat, wie er abnehmen soll. Der Rabbi betrachtet seinen dicken Bauch und sagt:
»Das beste für dich ist, du gehst nach Marienbad und machst eine Kur.«
Als der Jude aus Marienbad zurückkommt, erscheint er wieder beim Rabbi und beschwert sich, daß die Kur nicht geholfen habe. Da sagt der Rabbi:
»Du bist meinem Rat nicht gefolgt. Ich habe dir gesagt, du sollst zur Kur nach Marienbad *gehen*, und was hast du getan? Du bist mit der Eisenbahn gefahren.«

Grün und Katz sind Partner geworden. Da sie sich gegenseitig mißtrauen, bringen sie ihr Grundkapital von zehntausend Rubel als Deposit zum Rabbi. Das Geld soll nur mit Zustimmung beider Partner ausgezahlt werden.
Eines Tages kommt Grün zum Rabbi und bittet, ihm das Geld zu geben, da das Geschäft in großen finanziellen Schwierigkeiten sei. Als sich der Rabbi weigert, weil der zweite Partner schwerkrank ist, schlägt Grün vor, den Kranken zu besuchen. Er kann, wie Grün sagt, zwar nicht reden, aber nicken. Das geschieht auch. Katz hat zustimmend genickt und Grün das Geld bekommen. Aber Grün war kein ehrlicher Mensch und verschwand auf Nimmerwiedersehen mit den zehntausend Rubeln nach Amerika.
Als Katz wieder gesund ist, meldet er sich beim Rabbi und verlangt das Geld. Der Rabbi wundert sich und erinnert den Kaufmann, daß er doch durch Nicken während seiner Krankheit der Auszahlung des Geldes zugestimmt habe. Katz aber will sich nicht erinnern. So kommt die Sache vor das rabbinische Gericht.
»Es stimmt, daß ich zehntausend Rubel an Grün ausgezahlt habe. Aber wo ist der Beweis, daß dieses Geld, das ich diesem Betrüger gegeben habe, das Deposit war? Nun, ich habe ihm zwar Geld gegeben, aber das gehörte mir. Und so ist es mein Verlust. Das Deposit ist nach wie vor in meinem Besitz, und ich bin jederzeit

bereit, das Geld auszuzahlen unter der Bedingung, daß, wie verabredet, beide Partner einverstanden sind. Wenn Katz den Grün herbeischafft und beide zustimmen, werde ich die zehntausend Rubel herausrücken. Bis dahin bleibt das Geld bei mir.«

Ein Kaufmann kommt zum Rabbi und bittet um seinen Rat. Er hat in seiner Firma einen jungen Mann beschäftigt, mit dem er bisher ganz zufrieden gewesen war. Eines Tages aber entdeckte er, daß dieser hinter seinem Rücken ein paar Zentner Knochen verkauft und das Geld in die eigene Tasche gesteckt hatte. Daraufhin will er ihn entlassen. Als der junge Mann ein Zeugnis verlangt, will er ihm einerseits nicht schaden, anderseits kann er aber die Unehrlichkeit auch nicht verschweigen. Was soll er tun?
Der Rabbi denkt nach und sagt dann:
»Ganz einfach. Schreib' im Zeugnis: er ist ehrlich, bis auf die Knochen.«

Zum Rabbi kommt eine Frau:
»Rabbi, ich habe eine Henne und kleine Küchlein. Nun muß ich die Henne für die Feiertage schlachten, darf ich das?«
»Ja. Die Religion verbietet es nicht.«
»Aber Rabbi, was wird mit den Küchlein? Sie werden doch ohne Mutter eingehen.«
»Da muß ich nachdenken, komm morgen wieder. Bis dahin wird mir der liebe Gott helfen, eine Lösung zu finden.«
Am nächsten Tag erscheint die Frau verzweifelt beim Rabbi: »In der Nacht ist ein Fuchs gekommen und hat die Henne und die Küchlein gefressen.«
»Na, siehste, der liebe Gott hat also eine Lösung gefunden.«

»Rebbe, sag mir, wie kommt es: Der liebe Gott hat dreißigtausend Engel geschickt, um die beiden Städte der Sünder, Sodom und

Gomorrha, zu vernichten. Aber der liebe Gott ist doch allmächtig und ein jeder Engel ist doch auch allmächtig. Hätte es nicht genügt, zwei Engel zu entsenden, einen für Sodom und den anderen für Gomorrha? Die hätten es doch auch schaffen können.« Darauf der Rebbe: »Wieso verstehst du nicht, warum der Allmächtigste dreißigtausend Engel geschickt hat? Das hat den lieben Gott doch keinen Pfennig gekostet.«

Ein junger Mann bat den Rabbi um seine Empfehlung für einen Rabbinerposten. Der Rabbi schrieb:
»*Er ist wie unser Vater Moses, wie König Salomon und wie Theodor Herzl, der Gründer des Zionismus.*«
Nach kurzer Zeit kommt ein Vertreter der Gemeinde, die den Posten auf Grund des Schreibens dem Bewerber übertragen hatte, vorwurfsvoll zum Rabbi:
»Wie konnten Sie eine solche Laudatio für diesen Mann schreiben. Wissen Sie eigentlich, was das für ein Mensch ist? Er hat kein Wissen, er ist ein Frauenheld ...«
»Na, nu«, erwiderte der Rabbi, »ich habe schon richtig geschrieben: *Er stottert wie unser Vater Moses, er läuft den Frauen nach wie König Salomon, und er hat kein talmudisches Wissen wie der Gründer des Zionismus, Theodor Herzl.*«

»Rabbi, was soll ich tun, mein Mann will sich von mir scheiden lassen.«
»Was ist«, fragt der Rabbi, »hast du ihn etwa betrogen?«
»Aber nein, Rabbi, er sagt ich sei häßlich.«
»Warte einen Moment«, antwortet der Rabbi, holt den großen Talmud-Band und beginnt zu suchen. Er blättert und blättert, und die Frau wartet gespannt. Plötzlich findet der Rabbi zwischen den Seiten seine Brille, er setzt sie auf, betrachtet sein Gegenüber kritisch und sagt dann voller Mitleid: »Geh nach Hause, Weib, der liebe Gott soll sich deiner erbarmen.«

Zu dem berühmten Schriftgelehrten Rab kam eines Tages ein Mann aus Persien, der vorgab, die heilige Lehre der Juden studieren zu wollen. Rab lud den Heiden ein, Platz zu nehmen und begann, die hebräischen Buchstaben aufzumalen. »Dies Zeichen ist das ›Aleph‹«, sagte er und deutete auf den ersten Buchstaben.
Der Perser lächelte spöttisch:
»Leicht gesagt, wie wollt Ihr mir beweisen, daß dies das Aleph ist?«
Der Meister tat, als hätte er nichts gehört, und fuhr fort: »Und dies zweite Zeichen heißt ›Beth‹.«
»Weshalb ›Beth‹, wo bleibt der Beweis für Eure Behauptung?«
Da verlor der Gelehrte die Geduld und wies dem Lästermaul die Tür.
Dem Perser hatte sein Streich Spaß gemacht und so wollte er ihn wiederholen. Er kam nun zu Rabbi Samuel. Und wieder fing es mit dem hebräischen Alphabet an. Als der Priester fragte: »Wie könnt Ihr mir beweisen, daß dies Aleph ist?«, zerrte Rabbi Samuel so heftig an seinem Ohr, daß der Fremde schrie: »Au, mein Ohr!«
»Wieso dein Ohr?«, fragte der Rabbi lächelnd, »beweise mir zuvor, daß das, woran ich reiße, ein Ohr ist.«
»Alle Welt nennt es Ohr«, sagte der Perser.
»Richtig, mein Sohn. Genau nennt alle Welt diese Buchstaben Aleph und Beth.«

»Rebbe, mein Mann sitzt Tag und Nacht beim Talmud« klagt eine Frau beim Rabbiner.
»Nanu, was ist denn Schlechtes daran? Ich sitze auch Tag und Nacht beim Talmud ...«
»Ja, Rebbe, aber das ist dein bitter Stückl Brot und mein Idiot nimmt es ernst.«
Berl, der Schreiber, erledigte dem Rabbi seit vielen Jahren die schriftlichen Arbeiten, ohne dafür auch nur mit einem Heller entschädigt zu werden. Seine Familie daheim mußte Hunger leiden. Einmal sagte ein Freund zu Berl: »Du bist doch ein großer Narr. Warum schreibst du für den Rabbi, wenn er nicht bezahlt?«

»Nu, und wenn ich nicht schreibe, wird es mir dann jemand bezahlen?«

Ein Jude fragt den Rabbi:
»Rabbi, Sie behaupten immer, daß es in der Thora keine wissenschaftlichen Irrtümer gibt; aber es steht doch in der Thora geschrieben: ›Sonne, bleib stehen im Tale Gideon‹.
Demnach hat man angenommen, daß sich die Sonne bewegt, sonst hätte man ja nicht gesagt ›bleib stehen‹. Heute weiß man aber, daß sich nicht die Sonne, sondern die Erde bewegt.«
»Nu, wo bleibt der Irrtum? Man hat gesagt: ›bleib stehen‹, und seit damals steht sie, bis zum heutigen Tag.«

Der Kompromiß

Zur Zeit des Königs Herodes lebten in Palästina zwei große Gelehrte, Rabbi Schamai und Rabbi Hillel. Beide hatten ihre Schulen und Schüler. Beide Gelehrte lehrten die Thora anders, und ihre Kommentare waren unterschiedlich. Die Schule Rabbi Schamais lehrte, daß es besser wäre, wenn Gott den Menschen nicht geschaffen hätte. Die Schule Rabbi Hillels aber lehrte, daß es eine gute Idee war, daß der Mensch geschaffen wurde.
Nach Jahren heftiger Diskussionen schlossen die beiden talmudischen Schulen einen Kompromiß und stellten fest: Es wäre zwar besser, wenn Gott den Menschen nicht geschaffen hätte, aber seitdem der Mensch geschaffen wurde, soll er alles tun, um wie ein Mensch zu leben.

Die Gesetze der Thora

Rabbi Schamai, der gelehrte Patrizier, war bekannt wegen seines nervösen Charakters und seiner Ungeduld. Rabbi Hillel aber war

berühmt nicht nur wegen seiner Klugheit und seines Wissens, sondern auch wegen seiner Geduld.
Es ereignete sich eines Tages, daß ein Nichtjude vor Rabbi Schamai trat und zu ihm sprach:
»Ich bin bereit, mich zum Judentum zu bekehren. Nimm mich in das Judentum auf, ich habe aber eine Bedingung. Du mußt mir die ganze Gesetzeslehre beibringen, solange ich auf einem Fuß stehe.«
Da stand Rabbi Schamai auf, nahm einen Stock und jagte den Heiden aus seinem Haus.
Da kam der Nichtjude zum Rabbi Hillel und forderte, er solle dasselbe tun. Rabbi Hillel nahm ihn auf und sprach zu ihm: »Was dir nicht recht ist, tue das auch deinem Nächsten nicht; das ist die ganze Gesetzeslehre, alles andere ist nur ein Kommentar. Gehe und lerne sie.«

Wie kann der Rabbi das aushalten?

»Wie kann euer Rabbi von dem lächerlichen Gehalt leben, das ihr ihm zahlt?« fragte ein Jude den Vertreter einer kleinen Gemeinde.
»Unser Rabbi wäre schon längst am Hunger gestorben. Nur seine Frommheit hält ihn am Leben, er hat nämlich beschlossen, drei Tage in der Woche zu fasten.«

Das Urteil

Zwei Juden hatten einen Streit und kamen zum Rabbiner. Der Rabbi hörte den einen an und sagte:
»Du hast recht.«
Dann hörte er den anderen an und sagte: »Du hast recht.«
Daraufhin fragte ihn seine Frau:
»Wie kommt es, daß du den beiden zerstrittenen Seiten recht gibst. Entweder die eine oder die andere Seite kann nur recht haben.«

Darauf der Rabbi:
»Du hast auch recht.«

Zwei Rabbis

In einem Eisenbahnabteil sitzen zwei bekannte Rabbiner. Stunden vergehen, aber die beiden schweigen. Ein im Abteil anwesender Jude fragt:
»Geehrte Rabbis, ich dachte, wenn ihr beiden euch begegnet, würde ich Zeuge einer interessanten wissenschaftlichen Talmuddiskussion, aber ihr schweigt.«
»Das ist ganz einfach« antwortete einer der Rabbiner, »er ist ein großer Gelehrter, er weiß alles und ich bin ein großer Gelehrter und weiß alles. Worüber sollen wir noch diskutieren?«

Er spricht persönlich mit dem lieben Gott

Ein Chassid erzählt: »Mein Rabbi ist ein heiliger Mensch, er ist der größte Gelehrte und jeden Sabbat kommt er in den Himmel und spricht persönlich mit dem lieben Gott ...«
»Das ist unmöglich« sagt sein Gesprächspartner.
»Aber der Rabbi hat mir das selbst erzählt ...«
»Vielleicht lügt er?«
»Ach wo, glaubst du, daß ein Mann, der persönlich mit dem lieben Gott spricht, lügen würde?«

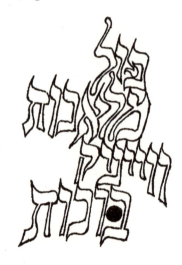

III. Juden und Gojim

Ein Großgrundbesitzer war dafür bekannt, daß er seine jüdischen Pächter schikanierte. Er fand immer irgendeinen Vorwand, um die Juden zu schlagen. Eines Tages erschien er plötzlich bei einem seiner Pächter und fragte:
»Moische, was hast du Gutes für mich zum Essen vorbereitet?«
»Gnädiger Herr, ich habe guten jüdischen gefüllten Fisch.«
»Was, euren dreckigen gefüllten Fisch soll ich essen? Ich will eine gebratene Gans. Und als Strafe bekommst du von meinem Fuhrmann 25 Schläge.«
Der geschundene Jude warnte die anderen Pächter, und als der Gutsbesitzer einige Tage später beim nächsten erschien, antwortete dieser auf dieselbe Frage:
»Durchlaucht, ich weiß, daß Sie gern gebratene Gänse essen. Deshalb habe ich eine schöne knusprige Gans für Sie parat.«
»Was, eine Gans für mich? Ich will gebratene Tauben.«
Und der arme Pächter bekam auch 25 Schläge übergezogen. Daraufhin warnte er sofort seine Leidensgenossen. Als der Herr beim nächsten die berüchtigte Frage stellte, antwortete der Pächter:
»Durchlaucht, ich habe schon meinen Hintern für die Schläge vorbereitet.«

Im Speisewagen eines D-Zuges wird ein Offizier an einen Tisch gewiesen, wo bereits ein Jude sitzt. Der Offizier ist mit seiner Tischnachbarschaft unzufrieden und versucht sein Gegenüber zu verspotten. Schließlich deutet er zum Fenster:
»Schauen Sie, dieses ganze Land haben meine Ahnen urbar gemacht. Wir sind hierher mit Speer und Armbrust gekommen, und Sie? Höchstens mit Zwiebeln.«

In diesem Augenblick kommt der Kellner:
»Wünschen Sie Kalbfleisch oder Steak?« Der Offizier entscheidet sich für Steak der Jude fürs Kalbfleisch. Nun fragt der Ober den Offizier: »Mit Zwiebeln?«
Da bemerkt der Jude: »No na – mit Armbrust!«

Die kaiserlich-königliche Regierung von Österreich wandte sich wegen eines hohen Darlehns an den größten jüdischen Bankier. Nach langen Verhandlungen erschien dieser im Regierungspalast, um den Vertrag zu unterzeichnen. Der Ministerpräsident begrüßte den Finanzier am Eingang persönlich und auf dem Weg zum Saal flüsterte er ihm ins Ohr: »Lieber Freund, ich möchte Sie warnen. Ihr Sohn ist ein gefährlicher Anarchist. Es wäre besser, wenn Sie ihn ins Ausland schickten, sonst wird ihn die Polizei verhaften.«
Der Bankier antwortete nicht.
Als es zur Unterzeichnung des Vertrages kam, legte der Bankier plötzlich die Feder nieder.
Der besorgte Ministerpräsident fragte: »Weshalb wollen Sie denn nicht unterschreiben? Haben Sie kein Vertrauen in die Monarchie?«
»Nein. Was für eine Monarchie kann das schon sein, die vor meinem Moischele Angst hat!«

Ein Gutsbesitzer rief seinen jüdischen Pächter zu sich:
»Mojsche, ich habe einen Auftrag für dich. Du nimmst meinen Hund und wirst ihm das Lesen, Schreiben und Sprechen beibringen. Wenn du es nicht schaffst, dann hänge ich dich auf.«
»Gut, mein lieber Herr, aber dazu brauche ich sieben Jahre Zeit.«
»Gut, aber gedenke, wenn du es nicht schaffst, lebst du nicht länger.«
Der Jude kam mit dem Hund nach Hause und erzählte alles seiner Frau. Die fing an zu heulen:

»Oh Gott, mein Lieber, du wirst dein Leben verlieren, das ist doch unmöglich, es zu schaffen, einem Hund das alles beizubringen ...«
»Aber, mach dir keine Sorgen«, sagte der Jude, »in sieben Jahren – entweder wird der Hund oder der Gutsbesitzer krepieren.«

Eine amerikanische Flugzeugfabrik hatte lange an der Entwicklung eines neuen Jet-Flugzeug-Typs gearbeitet. Endlich ist das Modell fertig. Direktion und Ingenieure versammeln sich, um den Probeflug zu beobachten. Als die Maschine in der Luft ist, brechen die Flügel vom Rumpf, die Maschine stürzt ab, der Pilot wird schwer verletzt. Und wieder arbeiten die Konstrukteure und Technologen, wieder berechnen die Computer neue Daten. Als das neue verbesserte Modell fertig ist, wiederholt sich beim Testflug die gleiche Katastrophe. Auf der Sitzung der Direktion beschließt man daraufhin, auf das neue Modell zu verzichten. Da steht der Buchhalter auf und sagt:

»Meine Herren, weshalb sollen wir gleich aufgeben? Vor kurzem kam ein bekannter Rabbi aus Polen hierher, er ist sehr klug. Vielleicht kann er uns mit seinem Rat helfen.«

Alle sind dagegen. Was kann ein Rabbi aus Polen über Düsenflugzeuge sagen. Der Buchhalter aber wiederholt seinen Vorschlag:

»Meine Herren, der Rat kostet doch gar nichts, warum sollen wir es nicht versuchen?«

So wird beschlossen, einen Konstrukteur zusammen mit dem Buchhalter zum Rabbi zu schicken. Dieser hört sich die Sache in und fragt:

»Sagen Sie, brechen die Flügel in der Mitte ab oder lösen sie sich an der Verbindungsstelle zum Rumpf?«

»Sie lösen sich direkt am Rumpf«, erläutert der Konstrukteur.

»Da habe ich eine gute Eitze«, meint der Rabbi. »Machen Sie einfach eine Perforation dort, wo sich die Flügel mit dem Rumpf verbinden, das muß helfen.«

Als der Konstrukteur den Vorschlag des Rabbis der Direktion vorträgt, lachen alle. Der Chefingenieur sagt:

»Meine Herren, ich arbeite seit über 30 Jahren im Flugzeugbau, dies wäre ein Verstoß gegen alle Regeln der Technik.«

Aber der Buchhalter ist zäh:

»Meine Herren, das Modell hat schon so viel Geld gekostet, versuchen wir es doch einmal.«

Und so wurde es auch beschlossen. Schließlich kommt es zum Probeflug. Alle sind gespannt, ob der Versuch gelingt. Und tatsächlich, die Maschine startet und bleibt in der Luft. Der Pilot zeigt halsbrecherische akrobatische Flugfiguren und landet schließlich unversehrt. Alle staunen. Wie ist der Rabbi bloß auf diese seltsame Idee gekommen, die doch gegen alle Regeln der Physik ver-

stößt? Man beschließt, sich beim Rabbi zu bedanken und ihn bei der Gelegenheit zu fragen, wie er auf diesen Einfall gekommen ist.
Der Rabbi antwortet schmunzelnd:
»Sehr einfach. Sehen Sie, ich komme aus Polen, und ich habe dort meine Erfahrung gemacht. Immer, wenn ich auf der Toilette versuchte, das Klopapier abzureißen, so riß es nie dort, wo die Perforation war.«

Der Richter fragt den jüdischen Zeugen:
»Name?«
»Rosenblum.«
»Vorname?«
»Moses.«
»Konfession?«
»Adventist des siebten Tages.«
»Was, wieso? Und früher?«

»Herr Richter, Sie werden lachen, früher war ich römisch-katholisch.«

Der Richter fragt den jüdischen Zeugen:
»Name?«
»Rubinstein.«
»Vorname?«
»Itzik.«
»Beruf?«
»Herrenschneider.«
»Nationalität?«
»Herr Richter, wenn ich Rubinstein bin, wenn ich Itzik bin, wenn ich Herrenschneider bin, nun, was soll ich dann sein, ein Donkosak?«

Im zaristischen Rußland durften die Juden nicht in den Großstädten Moskau und Petersburg leben. Nur in Sonderfällen erteilte man Spezialisten, Industriellen, Großkaufleuten oder Handwerkern eine Aufenthaltsgenehmigung. Jedoch lebten viele Juden ohne Erlaubnis dort und wurden von der Polizei verfolgt.
Auf einer Moskauer Straße unterhalten sich zwei Juden, der eine hat eine Genehmigung, der andere nicht, und plötzlich erscheint ein Polizist. Was tun? Der Jude mit der Genehmigung sagt:
»Bleib, ich werde flüchten.«
Der Polizist läuft ihm nach. Nach ein paar Minuten ist der Jude müde geworden und bleibt stehen. Der Polizist erreicht ihn schweratmend:
»Na, Saujude, du hast wohl keine Aufenthaltserlaubnis, was?«
»Warum denn nicht? Ich habe eine, hier ist sie«, sagt der Jude lächelnd.
»So, und warum bist du weggerannt, als du mich gesehen hast?«
»Das stimmt gar nicht. Sehen Sie, Herr Polizist, mein Arzt hat mir verordnet, jeden Tag nach dem Frühstück mindestens zehn Minuten zu laufen.«

»Na ja, aber du hast doch gesehen, daß ich hinter dir hergelaufen bin.«
»Das schon, aber ich dachte, Sie seien auch Patient dort.«

In einem Abteil eines nach den böhmischen Bädern fahrenden Eisenbahnzuges hat sich eine heftige Diskussion über Politik entsponnen. Nur ein galizischer Jude sitzt ganz ruhig in der Ecke, ohne sich an dem Gespräch zu beteiligen. Da wendet sich einer der Herren an ihn:
»Und wie sind Sie gesinnt?«
»Ich bin nebbich gar nich gesind«, antwortet der Jude.
»Das ist doch unmöglich«, bricht der Mann aus.
»Oj, lieber Gott«, antwortet der Jude, »wenn ich wollt gesind gewesen, tät ich bestimmt nicht nach Karlsbad fahren.«

Ein Pfarrer fragt einen Rabbi:
»Warum glauben die Juden an einen Gott der Rache? Unsere Religion ist doch schöner, wir glauben an einen Gott der Liebe ...«
Darauf der Rabbi:
»Ich kann nicht bestreiten, daß unser Gott ein Gott der Rache und euer Gott ein Gott der Liebe ist. Das bedeutet aber, daß wir Juden dem Gott die Rache überlassen und uns die Liebe vorbehalten bleibt, nämlich die Nächstenliebe. Wir können aber nichts dafür, daß es bei euch umgekehrt ist.«

In einem Eisenbahnabteil sitzen ein katholischer Pfarrer und ein Rabbiner. Während der Fahrt unterhalten sich die beiden Geistlichen. Nach einiger Zeit holt der Pfarrer ein Paket mit belegten Broten aus seiner Reisetasche. Er bietet dem Rabbiner ein appetitlich aussehendes Schinkenschnittchen an. Der Rabbi bedankt sich:
»Es tut mir leid, aber meine Religion verbietet mir, solche Sachen zu essen.«

»Sehr schade, sehr schade«, sagt der Pfarrer, »denn das ist ein Genuß.«
Als die beiden ihr Reiseziel erreicht haben, verabschiedet sich der Rabbiner von seinem Reisegefährten:
»Herzliche Grüße an Ihre Frau Gemahlin.«
Darauf der Pfarrer:
»Aber lieber Kollege, Sie wissen doch, meine Religion verbietet es mir zu heiraten.«
»Sehr schade, sehr schade«, erwiderte der Rabbi, »denn das ist auch ein Genuß«.

Ein Rabbi und ein katholischer Pfarrer diskutieren über Religionsprobleme. Der Pfarrer:
»Sagen Sie, wie ist es bei euch mit der Hierarchie der Geistlichkeit?«
»Wir haben keine.«
»Wie ist das möglich?«
»Das ist ganz einfach, man wird Rabbiner. Man kann ein guter Rabbiner sein oder ein schlechter, ein kluger oder ein dummer; das ist alles.«
»Bei uns ist das anders«, sagt der Pfarrer.
»Könnten Sie mir das etwas genauer erklären?«, fragt der Rabbi.
»Wenn ein junger Mann das Priesterseminar absolviert hat, was ist er dann?«
»Meistens Vikar.«
»Na gut, und was kann er dann werden?«
»Probst.«
»Und wenn er ein sehr guter Probst ist?«
»Na, dann kann er Dekan werden.«
»Und wenn er sich als Dekan ausgezeichnet hat?«
»Dann ist die nächste Stufe der Weihbischof.«
»Und wenn er der beste aller Weihbischöfe ist?«
»Dann kann er Bischof werden.«
»Und dann?«

»Erzbischof.«
»Und wenn er bereits Erzbischof ist?«
»Dann wird er zum Kardinal befördert.«
»Na, und wenn er der beste der besten Kardinäle ist?«
»Dann wird er zum Papst, als Heiliger Vater in Rom gewählt.«
»Nun, und was geschieht dann?«
»Hören Sie mal, Gott kann er doch nicht werden.«
»Na sehen Sie, einem der unsrigen ist das aber gelungen.«

In einem Eisenbahnabteil sitzen ein russischer Hauptmann mit seinem Hund und Isidor Silberstein. Der Offizier führt dem Juden vor, wie gehorsam sein Hund ist, den er Moische ruft: »Moische, spring! Moische, apport! Moische, sitz!« Und so weiter. Dann fragt er Silberstein, wie ihm sein Hund gefalle.
»Ein ausgezeichnetes Tier, und so gebildet, nur schade, daß er Moische heißt, sonst hätte er auch Offizier werden können.«

Der Zar besucht eine Einheit seiner Armee. Die Soldaten aller Nationalitäten des riesigen russischen Imperiums stehen in Reih und Glied. Der Herrscher tritt zu ihnen und fragt einen Soldaten nach dem anderen:
»Würdest du deinen Zaren töten?«
Und alle antworten, der Russe, der Ukrainer, der Tatar:
»Niemals, Majestät.«
Schließlich kommt der Zar zum letzten Soldaten, dem jüdischen Trommler. Als ihm die gleiche Frage gestellt wird, sagt er:
»Womit, mit der Trommel?«

Ein Nichtjude fragt einen Juden:
»Sagen sie, warum beantworten die Juden jede Frage mit einer Gegenfrage?«
»Und wie sollen sie antworten?« erwiderte der Jude.

Es war während der Inquisition. Der Fürst hatte die Juden aufgerufen, einen Gelehrten zu einer Diskussion mit einem katholischen Geistlichen zu stellen. Sollte der katholische Geistliche eine Frage des jüdischen Gelehrten nicht beantworten können, dürften die Juden im Lande bleiben, sonst würden der Gelehrte verbrannt und die Juden vertrieben.
Die Gemeinde sammelte sich in der Synagoge. Alle beteten lange zu Jehova, aber niemand war bereit, diese Diskussion zu bestreiten, weder der Rabbi, noch die Gelehrten. Da meldete sich plötzlich ein armer Handwerker, der kaum lesen und schreiben konnte. Er war zu dem Disput bereit und ganz sicher, die Juden vor der Vertreibung retten zu können.
Am nächsten Tag versammelten sich die Menschen auf dem Marktplatz der Stadt. Auf der Tribüne saß der Fürst mit seinem Gefolge, davor standen die beiden, der katholische Geistliche in prachtvoller Robe und der arme jüdische Handwerker. Der Jude fragte:
»Sagen Sie mir, was bedeuten die Worte ›Lo jodea?‹?«
[Hebräisch: *Ich weiß nicht.*]
»Ich weiß nicht«, antwortete der Geistliche. Da fragte der Jude nochmals:
»Also, was bedeutet ›*Lo jodea*‹?«
»Ich habe doch gesagt: ›ich weiß nicht‹.«
»Also, Sie wissen nicht, was ›*Lo jodea*‹ bedeutet?« wiederholte der Jude zum dritten Mal.
»Ich habe es Ihnen doch schon gesagt: ›ich weiß nicht‹.«
Darauf wurde der Fürst wütend und beschimpfte den Bischof, daß er einen solchen Versager ausgesucht hatte. Die Juden waren gerettet. Alle versammelten sich in der Synagoge und bedankten sich bei dem armen Handwerker für seinen glänzenden Einfall.
»Sag, wie bist du nur auf diese Idee gekommen?«
»Das ist ganz einfach. Als ich ein Kind war und die Thora lernte, fand ich dort die Worte ›lo jodea‹. Ich fragte meinen Lehrer, was das sei, und er antwortete: ›ich weiß nicht‹. Da dachte ich, wenn mein Lehrer, ein so gelehrter Mann, es nicht wußte, dann würde es dieser Goj bestimmt erst recht nicht wissen.«

Jahrelang war der Kalif mit seinem jüdischen Hofnarren zufrieden und amüsierte sich über seine unzähligen Einfälle und Scherze. Aber eines Tages fühlte sich der Herrscher durch eine Anspielung beleidigt und verurteilte den Narren zum Tode, gewährte ihm aber eine letzte Gnade:
»Weil du mir jahrelang so viel Spaß gemacht hast, darfst du dir die Todesart selbst auswählen.«
»Mächtiger Kalif, wenn ich wählen kann, so laß mich am hohen Alter sterben.«

Ein Kalif erließ ein Gesetz, nach dem jeder Jude, der die Grenzen seines Landes überschreitet, von seiner Wache verhört wird. Lügt er, wird er geköpft, sagt er die Wahrheit, wird er gehängt.
Eines Tages kommt ein Jude, der von der Verordnung wußte, über die Grenze. Als man ihn aufforderte, etwas zu sagen, erklärte er:
»Ich werde heute geköpft.«
Da wußten die Soldaten nicht, wie sie sich verhalten sollten, und kamen zum Kalif.
Der Herrscher überlegte eine Weile:
»Das ist wirklich ein schwieriges Problem. Lasse ich den Juden köpfen, so bedeutet das, daß er die Wahrheit gesagt hat. In diesem Fall aber müßte er gehängt werden. Also kann ich ihn nicht köpfen lassen, weil das bedeutet, daß er gelogen hat. Wird er aber gehängt, so müßte er gelogen haben, aber in diesem Fall müßte er doch geköpft werden.« So befahl er der Wache:
»Er soll verschwinden.«

Der Papst hat eine Delegation von Rabbinern empfangen. Nach der Audienz überreichen die Rabbiner dem Papst eine alte Rolle Pergament mit Siegeln und sagen:
»Das ist zu erledigen, aber es ist nicht so eilig.«
Der Heilige Vater übergibt die Rolle seinem Sekretär. Aber nach einer gewissen Zeit erinnert er sich daran und bittet, man soll sie

ihm bringen. Er bricht die Siegel auf und findet eine Rechnung für das Heilige Abendmahl.

In einem Abteil sitzen ein Jude und ein Offizier. Sie unterhalten sich eine Zeitlang, dann holt der Offizier seinen Reiseproviant aus der Reisetasche, Schweinebraten, Schinken, Brot und Butter. Er bietet dem Juden davon an, der aber lehnt ab mit dem Hinweis, daß es den Juden verboten sei, Schweinefleisch zu essen. Der Offizier verzehrt den Braten mit großem Appetit. Dann fragt er den Juden:
»Sagen Sie, darf denn ein Jude wirklich nie Schweinefleisch essen?«
»Eigentlich nie, nur unter Lebensgefahr dürfen wir Juden Treffes essen.«
Da kommt dem Offizier eine Idee, er holt seine Pistole heraus und sagt:
»Entweder Sie essen den Schinken oder ich knalle Sie nieder.«
Der Jude nimmt ein Schinkenbrot, ißt ein zweites und sagt:
»Herr Offizier, warum haben Sie vorhin beim Braten nicht schon die Pistole herausgeholt?«

Graf Potocki ruft seinen jüdischen Makler Schlomke, gibt ihm 10 Gulden und befiehlt:
»Schlomke, du sollst in die Stadt fahren und mir einen Dackel kaufen.«
»Zu Befehl, Durchlaucht, aber ich glaube, daß 10 Gulden zu wenig sind, um Ihnen einen guten Dackel zu kaufen.«
Der Graf gibt ihm noch 10 Gulden.
»Durchlaucht, für 20 Gulden könnte der Leutnant der Gendarmen einen Dackel kaufen, aber für Sie, den Grafen Potocki, muß man doch einen 1a Dackel kaufen.«
Der Graf gibt ihm noch 10 Gulden.
»Durchlaucht, für 30 Gulden bekäme ich bestimmt einen guten

Dackel, aber das wäre ein Dackel für einen kleinen Gutsbesitzer, aber für Sie einen für 30 Gulden, das paßt doch nicht.«
Der Graf gibt ihm nochmals 20 Gulden. Der Makler steckt das Geld ein, er ist schon an der Tür, doch da wendet er sich wieder an den Grafen:
»Durchlaucht ...«
Da unterbricht ihn der Graf:
»Schlomke, mehr Geld bekommst du nicht ...«
»Aber, Durchlaucht, wer spricht denn von mehr Geld? Ich wollte nur fragen, was eigentlich ein Dackel ist.«

Eines Tages erscheint eine größere Gesellschaft in einer jüdischen Dorfschenke, alles edle Herren aus der Nachbarschaft. Sie setzen sich an den Tisch und fordern den Gastwirt auf, ihnen das Beste zu servieren.
»Hast du guten Wein?« fragt einer der Gäste.
»Meine Herren, ob ich guten Wein habe? Ach, was für Wein ich im Keller habe! Alten Tokayer, einen Tokayer, der aus der napoleonischen Zeit stammt.«
»Na gut, bring eine Flasche her.«
Der Jude kommt mit einer bemoosten Flasche aus dem Keller. Er nimmt einen Korkenzieher, öffnet die Flasche, und zum Erstaunen der Gäste kommt eine lebendige Fliege aus der Flasche. Der Jude jagt die Fliege verärgert weg und schreit:
»Verschwinde, du Greisin ...«

Während des Ersten Weltkrieges kommt ein katholischer Pfarrer ins Lazarett, um den schwerverwundeten Soldaten den letzten Trost zu erteilen. Er geht mit seinem Kruzifix von Bett zu Bett und kommt auch zum Soldaten Feldmann. Der Geistliche schaut auf seine Personalien, bückt sich dann und nähert das Kreuz dem Gesicht des jüdischen Soldaten und fragt:
»Mein Sohn, weißt du, wer da auf dem Kruzifix ist?«

Feldmann schaut den Pfarrer vorwurfsvoll an und schreit:
»Der Mensch liegt da mit a Kugel im Bauch und der da kommt nun mit a Rätsel!«

Der alte katholische Pfarrer ist gestorben. Er hatte bescheiden gelebt, war fromm gewesen, und so kam er in den Himmel. Er wurde vom heiligen Petrus herzlich begrüßt, man gab ihm ein kleines hübsch eingerichtetes Haus und einen VW. Der Pfarrer war zufrieden. Aber einige Tage später kommt er verärgert zu Petrus:
»Was soll das«, fragte er, »ich habe heute den evangelischen Pfarrer gesehen. Er hat eine schöne Villa und fährt einen Mercedes 300.«
Petrus beruhigt ihn:
»Siehst du, du bist immer ein guter Sohn der Kirche gewesen, und er war ein Abtrünniger. Solche Leute muß man doch irgendwie zurückgewinnen.«
Der katholische Pfarrer geht beruhigt weg; nach ein paar Tagen kommt er wieder und schimpft:
»Na gut, mit dem Pastor, das kann ich noch verstehen, aber der Rabbi, der wohnt in einer Prunkvilla und hat einen Rolls Royce mit livriertem Chauffeur!«
»Pscht, still«, flüstert Petrus, »das ist doch ein Verwandter des Chefs.«

Ein frommer Jude liegt auf dem Sterbebett. Alle sind entsetzt, als er den katholischen Geistlichen rufen läßt, um sich taufen zu lassen. Die ganze Familie weint. Der älteste Sohn fragt:
»Papa, du warst dein ganzes Leben ein frommer Jude, wieso willst du dich jetzt taufen lassen?«
»Wieso? Warum soll ein Jude sterben? Besser doch ein Goj!«

Ein todkranker reicher Jude will sein Testament machen, und zur Verwunderung aller läßt er in der Nacht den katholischen Geistlichen rufen.
»Ich möchte Ihnen meinen letzten Willen übermitteln. Also: Zehntausend für die Synagoge, fünftausend dem jüdischen Altersheim, fünftausend dem jüdischen Waisenhaus ...«
Da unterbricht ihn der Geistliche:
»Entschuldigen Sie, warum haben Sie eigentlich mich rufen lassen und nicht den Rabbi?«
»Ich wollte ihn nicht um Mitternacht wecken und ihn bei solch einem Sauwetter kommen lassen.«

Ein Pole sitzt in einem Zugabteil einem Juden gegenüber, der gerade seine spärliche Mahlzeit, Brot mit Hering, verzehrt.
»Sag mal, Jüdlein, woher habt ihr Juden einen so guten Kopf für Geschäfte?«
»Sehen Sie, wir essen viel Fisch, und der hat viel Phosphor, und Phosphor entwickelt das Gehirn. Deshalb haben wir Köpfchen für gute Geschäfte.«
Der Pole scheint an dieser Theorie interessiert zu sein. Er denkt nach, und plötzlich sagt er:
»Wie ich sehe, haben Sie Heringe bei sich. Könnten Sie mir einen verkaufen?«
»Nein, ich verkaufe keinen.«
»Ich zahle Ihnen für einen Hering 2 Zloty.«
»Nein.«
»3 Zloty!«
»Nein.«
Der Pole erhöht sein Angebot auf 5 und schließlich auf 10 Zloty. Endlich hat er den Juden überredet, ihm für 20 Zloty einen Hering zu verkaufen. Der Pole ißt den Fisch, und dann bekommt er Durst. Als der Zug an einer Station hält, geht er zum Büffet, um etwas zu trinken. Nachdem er wieder zurück ist, meint er verdrossen:

»Ach, was bin ich für ein Trottel. Hätte ich bis zur Station gewartet, hätte ich dort einen Hering für 30 Groschen kaufen können.«
»Na sehen Sie«, sagte der Jude, »es wirkt schon.«

Im Zugabteil sitzen eine elegante Dame und ein Jude gegenüber. Plötzlich fragt die Schönheit:
»Mein Jude, können Sie mir sagen, wie spät es ist?«
Der Jude holt seine Uhr aus der Tasche, deckt sie mit der Hand zu und zeigt sie der Dame.
»Aber ich kann doch so nichts erkennen.«
»Wenn Sie durch meine Hose gesehen haben, daß ich Jude bin, dann versuchen Sie auch, durch meine Hand zu sehen, wie spät es ist.«

Der bekannte Breslauer Professor Johannes von Mikulicz hatte viele jüdische Patienten aus Polen, so lernte er auch viele jüdische Ausdrücke. Eines Tages kam ein Jude aus Galizien und brachte einen Breslauer Juden als Dolmetscher mit. Als der Professor die Geschwulst am Gesicht sah, fragte er:
»Was für a Schlamasl in Ponem* haben Sie?«
Da sagt der polnische Jude zu seinem Breslauer Bekannten voller Freude:
»Hajes, du kannst a heim gehen, Herr Professor varsteht dajitsch.«

Ein Engländer – ein Gentleman; zwei Engländer – ein Klub; drei Engländer – eine Kronkolonie des Britischen Imperiums. Ein Franzose – ein Galan; zwei Franzosen – ein Duell; drei Franzosen – eine bürgerlich-demokratische Republik.

* Ponem = Gesicht. Aus dem hebr. Panim.

Ein Deutscher – ein Soldat; zwei Deutsche – eine Bierstube; drei Deutsche – ein Männergesangverein (auch: ein Ritt gen Osten).
Ein Pole – ein Patriot; zwei Polen – drei politische Parteien; drei Polen – ein Volksaufstand.
Ein Jude – ein Kaufmann; zwei Juden – eine Synagoge; drei Juden – eine internationale zionistische Spionageorganisation.
Ein Russe – ein Säufer; zwei Russen – ein Krawall; drei Russen – eine Grundorganisation der KPdSU.
Ein Grusinier – ein Satrap: zwei Grusinier – Führung der kommunistischen Weltbewegung; drei Grusinier – dies gab es nicht, gibt es nicht und Gott bewahre uns, daß es kommt.

Die Kulturorganisation der Vereinten Nationen – UNESCO – hat ein Preisausschreiben für die beste Arbeit über den Elefanten verkündet. Aus aller Welt sind verschiedene Arbeiten angekommen. Hier sind einige:
Aus den USA: The Elephant and the American way of life.
Aus England: Der indische Elefant als Symbol des britischen Imperiums.
Aus Frankreich: Der Elefant und die Liebe.
Aus der Bundesrepublik: Beiträge zur Frage des Problems des Elefanten in der deutschen Geschichte.
Aus der DDR: Die Elefanten erkennen als erste den deutschen Arbeiter- und Bauernstaat an.
Aus der Sowjetunion: Eine Monographie in 5 Bänden: Band 1 – Die Klassiker des Marxismus über den Elefanten, Band 2 – Der Elefant in der internationalen revolutionären Arbeiterbewegung, Band 3 – Die Sowjetunion, das Vaterland des Elefanten, Band 4 – Die Elefanten im Klassenkampf, Band 5 – Der Elefant als Kämpfer für Frieden, Demokratie und Sozialismus.
Aus China: Die Elefanten, Vorkämpfer der maoistischen Idee unter den Tieren.
Aus Polen: Der sowjetische Elefant als Muster und Beispiel für den polnischen Elefanten.

Aus Ägypten: Die arabischen Elefanten in den Reihen der Al Fatah im Kampfe gegen zionistische Aggression.
Aus Israel: Der Elefant und das jüdische Weltproblem.

Seit in der Geschichte der Menschheit die monogamische Ehe existiert, gibt es den Ehebruch. Wie aber reagieren Vorsteher der verschiedenen Nationen im Fall, daß der Ehemann unerwartet nach Hause kommt und seine Frau in den Armen eines fremden Mannes findet:
In den USA: Er holt zwei Colts und knallt beide nieder.
In England: Er kommt herein, entschuldigt sich, nachdem er die beiden gesehen hat, und geht hinaus. Dann guckt er auf seine Uhr und sagt: »Oh, es ist schon 5 Uhr, ich muß zwei Tassen Tee für sie zubereiten.«
In Deutschland: Sagt die Ehefrau: »Hans, du bist es? Es ist erst 8 Uhr, du wolltest um 11 kommen, wo ist deine deutsche Pünktlichkeit?«
In der Sowjetunion: Sie sagt zu ihm: »Ivan, ich fühle mich schuldig. Du kannst mich schlagen, mein Leib gehört dir, aber meine Seele gehört der Partei.«
In Polen: Er sagt zu ihr: »Du liegst hier und spielst herum, und in den Läden bekommt man Bananen, ohne Schlange zu stehen.«
In China: Er sagt: »Ho Lian, ich erteile dir die 198. ernste Warnung.«
In Frankreich: »Ah Jean, endlich bist du da, komm, wir werden zu dritt spielen.«
In Israel: »Moische, bist du das? Mit wem lieg ich denn da, zum Teufel.«

Im Bahnhofsrestaurant ißt ein Jude eine Portion Fisch. Er ruft den Kellner:
»Herr Ober, der Fisch will schwimmen, bringen Sie mir bitte ein Glas Wein.«

Neben ihm verzehrt ein dicker bayerischer Bauer eine Haxe. Er hat die Bestellung des Juden gehört und ruft:
»Ober, ein Bier, das Schwein will trinken.«

Auf einem Empfang begegnen einander zwei unbekannte Herren.
»Erlauben Sie, daß ich mich vorstelle: Johannes Maria Stumpf, Leutnant der Reserve.«
Darauf der andere:
»Sehr angenehm, Moritz Rosenblum, untauglich.«

Lord Palmerstone sagte einmal: »Jedes Land hat die Juden, die es verdient.«
Max Nordau meinte dazu: »Verdient jedes Land eigentlich die Juden, die es hat?«

Eine jüdische Familie besucht in Paris den Louvre. Vor dem Bild von Raffael, »Die heilige Familie«, bleiben sie stehen. Da nörgelt der Mann:
»Gojischer Verstand! A Wohnung habnse nicht gehabt, ka Geld für a Wiegele, und Windeln fürs Kindele habnse nicht gehabt, aber auf a Bild bei Raffaeln, dafür habnse Geld gehabt.«

Eine Gruppe jüdischer Touristen aus Amerika kommt nach Rom. Der Cicerone, ein schlauer römischer Bursche, rechnet mit einem guten Trinkgeld. Am ersten Tag zeigt er den Besuchern das alte Rom: Via Appia, Kolosseum, den Trajanbogen, das Forum Romanum. Er gibt sich viel Mühe, erzählt über die Antike, ihre Architektur, von römischen Kaisern und Patriziern. Am Abend bedankt sich der Reiseleiter und bestellt ihn wieder für den nächsten Tag. Von Trinkgeld keine Rede. Morgens ist der Cicerone wieder da, er bringt die Reisegruppe in die schönen neuen Stadtviertel Roms

und zeigt ihnen dann den herrlichen Strand von Ostia. Am Abend wiederholt sich die Geschichte. Der Reiseleiter bestellt ihn wieder für den nächsten Tag, aber kein Cent Trinkgeld.
Da hat der Cicerone einen Plan. Morgens dirigiert er den Bus zur Petrus-Basilika, wo gerade das Vatikankonzil tagt, nimmt sein Mikrophon und sagt:
»Meine Damen und Herren, ich bin glücklich, Ihnen als amerikanisch-jüdischen Touristen mitteilen zu können, daß gerade während des Vatikankonzils der Heilige Vater, Papst Johannes XXIII, das Odium der Schuld für die Kreuzigung Jesu von den Juden aufgehoben hat. Ich freue mich mit Ihnen, daß die Juden nicht die Schuld am Tod des Gottessohnes tragen.« Dann zeigt der Cicerone den Juden alle Sehenswürdigkeiten im Vatikan. Am Abend verabschiedet sich der Reiseleiter vom Cicerone, aber er bestellt ihn diesmal weder für den nächsten Tag, noch gibt er ihm das ersehnte Trinkgeld. Der Cicerone geht niedergeschlagen weg, doch plötzlich hört er, wie ihn der Reiseleiter zurückruft, und sagt:
»Oh, Mister Cicerone, I am very sorry, wir haben es vergessen ...«
Und der Amerikaner steckt ihm 200 Dollar zu. Auch in seinen kühnsten Träumen hatte der junge Römer nicht so viel erwartet. Konsterniert murmelt er vor sich hin:
»Nein, sie haben Jesus bestimmt nicht gekreuzigt. Sie haben ihn mit Verunsicherung fertiggemacht.«

Der Agent Chaim Grünbaum war eine Kanone in seinem Beruf. Er arbeitete in einer großen italienischen Versicherungsgesellschaft. Jahrelang war die Direktion sehr zufrieden mit Grünbaum. Aber dann kamen schlechte Zeiten, und so verfügte die Zentrale, alle Juden zu entlassen. Aber sollte man auf ein solches As wie Grünbaum verzichten? Die Direktion beschloß ihn zu überreden, sich taufen zu lassen. Grünbaum wollte aber nicht, er war lediglich einverstanden, sich mit einem katholischen Priester zu treffen. Man fand einen berühmten Pfarrer, Prediger und Missionar. Er sollte Grünbaum von der Taufe überzeugen. So könnte die Firma ihren

Grünbaum behalten und hätte doch keinen Juden mehr. Der Pfarrer kam, und der Generaldirektor stellte den beiden sogar sein Arbeitszimmer zur Verfügung. Es vergeht eine Stunde, eine zweite, die Direktion wartet voller Spannung Nach drei Stunden schließlich kommen die beiden heraus. Der Geistliche hat ein rotes Gesicht und Schweißperlen auf der Stirn. Grünbaum strahlt.
»Na«, fragt der Generaldirektor, »hat der Pater Sie von der Taufe überzeugt?«
»Wieso Taufe? Der Pater hat eine Lebensversicherung, eine Feuerversicherung und eine Sachschadenversicherung abgeschlossen.«

Vor dem Eingang des Parteihauses der NPD in Hannover stehen zwei Bettler. Beide sind blind. Der eine trägt ein Schild mit der Aufschrift: *Jude, ehemaliger KZ-Häftling, bittet um eine Gabe.* Sein Hut ist leer.
Der zweite Bettler trägt ein Schild mit der Aufschrift: *Ehemaliger SS-Mann, jahrelang in sowjetischen Lagern gefangengehalten, bittet um eine Gabe.* Sein Hut ist voller Geld. Ein Passant spricht den Juden an:
»Hören Sie, Sie wissen wohl nicht, wo Sie stehen. Hier ist doch die Zentrale der neonazistischen Partei! Und außerdem steht neben Ihnen ein anderer Bettler, ein ehemaliger SS-Mann. Der kassiert hier das Geld. Sie sollten lieber zur Synagoge gehen. Dort werden Ihnen bestimmt Menschen helfen.«
Der Bettler bedankt sich für den Rat. Als der Passant gegangen ist, wendet er sich zu dem SS-Mann und sagt:
»Moische, der Goj wollte uns lehren, wie man Geschäfte macht.«

In einem Zugabteil reisen ein Jude mit seinen sechs Kindern im Alter von zwei bis sechzehn Jahren und ein Hauptmann. Die Kinder schreien, weinen und randalieren. Der Offizier wird wütend:
»Du Saujude, halt gefälligst deine Bastarde im Zaum.«
Der Jude schweigt, die Kinder toben weiter.

»Du Saujude, zu dir spricht ein polnischer Offizier, du wirst Unannehmlichkeiten bekommen, wenn du deine Brut nicht zur Ruhe bringst! Verstanden?«

»Mein Herr, Unannehmlichkeiten? Meine Frau ist auf dem Bahnhof zurückgeblieben, meine 16jährige Tochter ist schwanger, die Kinder machen hier Rabatz, wir sind in den falschen Zug eingestiegen und fahren in der verkehrten Richtung. Könnten Sie mir, bitteschön, wirklich noch mehr Unannehmlichkeiten machen? Daß ich nicht lache! Ich hab doch schon alle. Und Sie reden noch von mehr Unannehmlichkeiten?«

Der Zar befand sich auf einer Inspektionsreise. In einer kleinen Ortschaft sah er einen Schmied, der graue Haare, aber einen schwarzen Bart hatte. Er fragte ihn:

»Sag mal, warum ist dein Bart schwarz und deine Haare sind grau?«

»Majestät«, antwortete der Schmied, »das ist leicht zu erklären. Die Haare trage ich seit meiner Geburt, aber den Bart erst seit viel später.«

Der Zar lachte über die Antwort:

»Du sollst diese Erklärung niemandem verraten, bevor du mich nicht hundertmal gesehen hast. Wenn du das Geheimnis vorher lüftest, werde ich dich streng bestrafen.«

Der Jude verpflichtete sich zu schweigen.

Der Zar kam nach Petersburg zurück und fragte seinen Premier-Minister:

»Weißt du, warum die Haare auf dem Kopf eher grau werden als der Bart?«

Der Minister wußte es nicht.

»Ich gebe dir zwei Wochen Zeit. Bringst du mir bis dahin nicht die richtige Antwort, so entlasse ich dich.«

Der Minister erkundigte sich, wo der Zar gewesen war und mit wem er auf seiner Reise gesprochen hatte. Endlich fand er den jüdischen Schmied. Aber der Jude wollte ihm das Geheimnis nicht verraten. Schließlich sagte er:

»Ich werde es dir sagen, wenn du mir 100 goldene Rubel gibst.«
Was sollte der Minister tun? Er bezahlte zähneknirschend und kam mit der richtigen Antwort glücklich zu seinem Herrscher zurück. Der Zar wurde böse. Wie kam der Jude dazu, sein Schweigen so früh zu brechen. Er ließ den Juden nach Petersburg bringen.
»Ich hatte dir doch verboten, das Rätsel zu verraten, bevor du mich nicht hundert Mal gesehen hast!«
Da nahm der Jude seinen Beutel, schüttete die 100 goldenen Rubel aus und sagte:
»Majestät, auf jeder Münze ist Euer Bild, so habe ich Euch hundert Mal gesehen, als der Minister mir das Geld bezahlte. Also durfte ich die Erklärung geben.«

Der Bischof fragte einen Rabbi:
»Wann werden Sie endlich Schinken essen?«
Der Rabbi erwiderte:
»Auf Ihrer Hochzeit, Hochwürden.«

Nach dem Sieg bei Austerlitz besuchte Napoleon seine Truppen. Er fragte die Soldaten verschiedener Nationalität, was sie sich als Lohn für den Sieg wünschten.
Der Pole antwortete:
»Sire, ich möchte, daß Sie die Unabhängigkeit meines Vaterlandes wiederherstellen.«
Der Kaiser nickte:
»Es soll geschehen.«
Der Preuße sagte:
»Der Krieg hat mein Haus und meine Brauerei zerstört, ich wünsche mir, daß Sie die Mittel für den Wiederaufbau zur Verfügung stellen.«
Napoleon nickte:
»Du wirst sie bekommen.«
Der Jude bat:

»Ich möchte zur nächsten Mahlzeit einen Hering.«
Napoleon befahl seinem Adjutanten, dem Juden diesen Wunsch zu erfüllen. Nachdem der Kaiser die Truppen verlassen hatte, verspotteten die anderen Soldaten den Juden:
»Wieso hast du bloß einen Hering verlangt?«
»Der Pole hat die Wiederherstellung der Unabhängigkeit Polens verlangt, glaubt ihr, daß der Kaiser sie gibt? Der Preuße wollte Geld für den Wiederaufbau, glaubt ihr, er bekommt es? Aber meinen Hering, den werde ich vielleicht doch bekommen.«

Es war ein strenger Winter. Am Flußufer saß ein Jude und wusch Schafwolle in einer Wake. Bei dieser Arbeit sah ihn ein Fürst, der mit seinem Gefolge auf Reisen war.
»Sag mir«, fragte der Herrscher den Juden, »was ist mehr, fünf oder sieben?«
Der Jude entgegnete:
»Was ist mehr, zwölf oder zweiunddreißig?«
»Hast du in deinem Haus schon einmal Feuer gehabt?« lautete die nächste Frage.
»Ja, ich hatte schon fünf Mal Feuer, und ich erwarte es noch zwei Mal.«
»Sag mir«, fragte der Herrscher weiter, »wenn ich dir eine meiner Tauben zum Rupfen schicke, wirst du das schaffen?«
»Schickt sie nur, Majestät, und Ihr werdet sehen.«
Der Fürst wandte sich an seinen Ersten Minister und fragte: »Hast du unser Gespräch verstanden?«
»Nein, Majestät, Ihr habt in Rätseln gesprochen.«
»Schämst du dich nicht, daß mich ein einfacher Jude besser versteht als mein Erster Minister, der doch der Klügste im Land sein sollte? Ich gebe dir drei Tage Zeit, um die Rätsel zu lösen. Wenn du das nicht schaffst, werde ich dich deines Postens entheben lassen.«
Nach der Rückkehr in die Hauptstadt versammelte der Minister alle seine Berater, die ihm beim Lösen der Rätsel helfen sollten.

Aber niemand war dazu imstande. So beschloß er, den Juden in seinen Palast zu holen. Dieser verlangte tausend Dukaten für die richtige Antwort.
Der Minister wurde wütend: »Was, so viel Geld?«
»Wenn Sie nicht einwilligen«, sagte der Jude, »werden Sie die Lösung nie erfahren«, und ging darauf nach Hause. Als der dritte Tag herankam, erhielt er schließlich die geforderten tausend Dukaten und entschlüsselte die Rätsel:
»Als der Fürst sah, wie ich im Winter im eiskalten Wasser die Wolle wusch, fragte er mich: ›Was ist mehr, fünf oder sieben?‹ Er meinte damit, ob mir nicht die sieben warmen Monate für diese Arbeit genügten, so daß ich sie nicht auch noch in den fünf kalten Monaten verrichten müßte. Darauf habe ich geantwortet, daß ich mit meinen zweiunddreißig Zähnen in der Lage bin, mehr zu verzehren, als ich in den zwölf Monaten erarbeiten könnte. Dann fragte mich der Fürst, ob ich Feuer in meinem Hause gehabt habe. Er meinte damit, ob meine Töchter verheiratet seien. Wenn nämlich ein Armer die Tochter aus dem Haus gibt, dann bleibt er wie abgebrannt zurück. Ich antwortete, fünf Töchter seien bereits verheiratet und zwei noch zu Hause. Und schließlich fragte mich der Herrscher, ob ich eine seiner Tauben rupfen könne. Ich habe geantwortet, er solle mir eine schicken, dann würde er sehen. Und wie Sie sehen, mein Herr, hat er Sie geschickt. Wenn Sie zum Fürsten gehen, dann sagen Sie ihm, daß ich es geschafft habe.«

Ein Jude und ein Engländer sind die einzigen Passagiere eines kleinen Frachtdampfers, der Orangen geladen hat. Plötzlich taucht ein riesiger Haifisch hinter dem Schiff auf. Die Besatzung versucht zu entkommen, vergebens. Der Kapitän nimmt in seiner Not einen Stuhl und wirft ihn dem Haifisch in den Rachen, ein Tisch folgt. Schließlich kommen die Orangen dran, aber das Untier frißt alles und verfolgt den Dampfer weiter. Nun beschließt der Kapitän, den Juden zu opfern, dann wird auch noch der Engländer über Bord geworfen. Endlich trifft Hilfe ein. Ein großes Schiff mit modernen Fangeinrichtungen macht dem Haifisch den Garaus. Als man seinen Bauch aufschneidet, bietet sich folgendes Bild: Der Jude sitzt mit dem Engländer am Tisch und verkauft ihm die Apfelsinen.

Ein Jude und ein Christ stritten über ihre Konfessionen. Nach dem Ergebnis der Diskussion gefragt, meint der Jude:
»Er hat mich so weit überzeugt, daß wir jetzt beide zu 50 Prozent an das Christentum glauben.«
»Wie ist das möglich?«
»Ganz einfach. Daß die heilige Mutter das Jesuskind zur Welt gebracht hat, daran glaube ich. Aber daß sie eine Jungfrau geblieben ist, das glaubt er. Daß Jesus Wasser in Wein verwandelt hat, daran glaube ich, daß es aber wie Wein geschmeckt hat, daran glaubt er. Daß Jesu mit vier Broten die Menschenmenge gefüttert hat, daran glaube ich, daß sie aber satt waren, daran glaubt er.«

»Warum laßt ihr Juden eure Töchter so jung heiraten?« fragt ein katholischer Geistlicher einen Rabbi.
»Weil wir schon genug Ärger in der Geschichte mit den jüdischen Jungfrauen hatten.«
»Wieso denn?«
»Na, zum Beispiel mit eurer heiligen Mutter Maria ...«

Ein Gutsherr kommt eines Tages zum alten klugen Rabbi:
»Rabbi, ich hörte von deiner Weisheit. Vielleicht kannst du mir einen guten Rat geben. Vor meinem Haus stand ein schöner Baum, nun ist er vom Blitz getroffen worden. Es tut mir zu leid, aus ihm Brennholz zu machen. Hast du nicht einen besseren Vorschlag?«
Der Rabbi riet, aus dem Stamm eine Figur des Schutzheiligen schnitzen zu lassen und diese vor dem Schloß aufzustellen.
Der Baron bedankte sich und folgte dem Rat. Nun ehrten alle, die

an der Figur vorbeigingen, den Heiligen und zogen den Hut, nur der Rabbi tat es nicht. Der Gutsherr stellte ihn deshalb zur Rede. Darauf der Rabbi: »Mein Herr, warum soll ich meinen Hut vor der Figur ziehen? Ich kenne doch deinen Heiligen, als er noch ein Baum war.«

Ein jüdischer Kaufmann hatte sich in einer kleinen Stadt niedergelassen. Aber die nichtjüdische Konkurrenz wollte ihn vertreiben, und so stiftete man die Kinder dazu an, sich jeden Tag nach der Schule vor den Laden zu stellen und ›Saujude‹ zu schreien.
Der Kaufmann konnte vor Sorge die ganze Nacht nicht schlafen. Da kam ihm eine Idee, und am nächsten Tag sprach er die Kinder an:
»Jeder, der hier ›Saujude‹ schreit, bekommt 10 Groschen von mir.«
Und er zahlte jedem diesen Betrag aus, die Kinder waren begeistert. Am nächsten Tag waren sie wieder da. Nun sagte der Kaufmann: »Kinder, 10 Groschen kann ich nicht mehr zahlen, aber jeder bekommt 5 Groschen.«
Die Kinder waren zufrieden, weil für 5 Groschen Eis oder Bonbons zu bekommen waren.
Am nächsten Tag bot der Kaufmann den Kindern nur einen Groschen an; die Kinder waren beleidigt:
»Für einen Groschen«, sagten sie, »denken wir doch nicht mehr daran, ›Saujude‹ zu schreien.«

Was ist der Unterschied zwischen einem nichtjüdischen und einem jüdischen Restaurant?
In einem nichtjüdischen Restaurant sieht man wie die Leute essen und man hört, wie sie reden. Im jüdischen ist es umgekehrt.

Ein jüdischer Zeuge kommt vors Gericht, um in Sachen eines Pferdediebstahls auszusagen. Der Richter fragt:

»Also, Herr Zeuge, können Sie beweisen, daß das Pferd gestohlen wurde?«
»Was soll ich sagen? Ich meine es.«
»Herr Zeuge, sagen Sie endlich, was Sie zu der Sache wissen.«
»Was soll ich wissen, mir scheint es ...«
»Herr Zeuge, wissen Sie nun was über die Sache oder nicht?«
»Warum soll ich nichts wissen, ich bin doch Zeuge.«

Vor dem Passahfest hatte in Wien ein Jude Selbstmord begangen, indem er sich die Pulsadern öffnete. Darauf erklärte der Oberbürgermeister von Wien, der bekannte Antisemit Karl Lueger: »Jetzt möchten Sie vielleicht noch abstreiten, daß es ein Ritualselbstmord war?«

IV. Getaufte Juden

Rosenblum junior hat sich taufen lassen. Ein Bekannter fragt den Vater:
»Rosenblum, so ein Unglück, was werden Sie machen, wenn Sie eines Tages vor dem lieben Gott stehen, und er wird nach der Taufe ihres Sohnes fragen?«
»Was? Ich werde den lieben Gott fragen: Nu, und dein Sohn?«

Hier eine zweite Version dieses Witzes:
»Rosenblum, ihr Sohn hat sich taufen lassen, was werden Sie tun?«
»Dasselbe wie der liebe Gott, nachdem sich sein Sohn hat taufen lassen.«
»Was denn?«
»Ich werde auch ein neues Testament schreiben.«

Zwei polnische Juden haben beschlossen, sich taufen zu lassen. Nun stehen sie vor der Kirche und trauen sich nicht hereinzugehen. Endlich haben sie eine Idee: Wer als erster geht, entscheidet der Münzenwurf. Nun, die Wahl ist auf Welwele gefallen und Mojsche wartet draußen. Nach knapp einer Stunde kommt Welwele heraus, gespannt fragt Mojsche:
»Nu, Welwele, wie war es?«
»Erstens, nicht Welwele sondern Walery und zweitens, hau ab, du Saujude, ihr habt unseren Jesu gekreuzigt.«

Drei getaufte Juden unterhalten sich über die Gründe für ihre Konversion.

»Ich«, sagt der erste, »habe nur christliche Kundschaft und für meine Geschäfte war es besser, überzutreten.«
»Bei mir«, sagt der zweite, »war es die Karriere. Ich habe als Jude nicht weiterkommen können.«
»Und ich«, sagte der dritte, »habe es aus Überzeugung getan.«
Da rufen die beiden anderen:
»Das kannst du den Gojim erzählen, aber nicht uns.«

Ein reicher getaufter Jude hat eben seine neue Prachtvilla bezogen. Er lädt viele Gäste zu einem großen Empfang ein und zeigt ihnen das neue Haus.
»Hier mein Salon à la Louis Quartorze, hier mein Arbeitszimmer im Empire, das Boudoir meiner Frau in Rokoko. Und dort, ach dort ist das Zimmer meines Vaters.«
Da bemerkt einer der Gäste:
»Das stammt wohl aus der vorchristlichen Epoche ...«

Der Sohn des getauften Großfabrikanten Bloch aus Warschau hat sich mit der Tochter des getauften Bankiers Landau verlobt.
Da seufzt der Vater der Braut erleichtert:
»Ich wollte immer einen solchen Eidam haben, einen sympathischen Christen aus einer sehr guten jüdischen Mischpoche.«

Sein ganzes Leben war ein armer Jude ein richtiger Pechvogel – ohne Beruf, ohne Geld, ohne Arbeit, mit einer großen Familie. Eines Tages kam er zu der Überzeugung, sein ganzes Pech liege daran, daß er Jude sei. So ließ er sich taufen und hoffte nun auf ein besseres Leben.
Nach einigen Monaten begegnete ihm sein Freund:
»Nu, geht es dir besser, seit du Christ bist?«
»Ein bißchen.«
»Was heißt ein bißchen?«

»Schau, früher hat mich mein Weib gepeinigt, wenn ich ihr kein Geld für den Sabbat geben konnte. Nun macht sie mir das Leben zur Hölle, wenn ich ihr keins für den Sonntag gebe.«
»Nu, was ist da der Unterschied?«
»Immerhin, einen Tag hab ich gewonnen.«

Das kleine Mädchen in einer getauften Familie fragt seine Mutter:
»Mama, wie alt muß man werden, bis man jüdisch wird?«
»Ich versteh dich nicht mein Kind«, erwiderte die Mutter.
»Sieh mal, Mamachen, ich bin christlich, du und Papa auch, und der Opa ist schon wieder jüdisch.«

Ein Jude fragt einen getauften Bekannten:
»Warum bist du eigentlich Christ geworden?«
»Aus Überzeugung.«
»Ach so?«
»No ja, aus Überzeugung, daß ich als Jude keine Karriere mache.«

In der Kaiser-Wilhelm-Gedächtniskirche in Berlin, in der sich die getauften Juden mit Vorliebe trauen ließen und die an Festtagen von vielen getauften Juden besucht wurde, war eine Tafel angebracht:
»Es wird gebeten, in der Kirche den Hut abzunehmen.«

Ein jüdischer Kaufmann aus Berlin, Siegfried Goldenberg, Manufaktur en gros, hat sich eines Sonntags taufen lassen. Am Montag erscheint in seinem Geschäft sein Stammkunde Hirsch Levi und begrüßt den neugebackenen Christen mit einem Lächeln, ohne ein weiteres Wort zu sagen. Darauf schreit ihn Goldenberg an:
»Was fällt Ihnen ein! Hab ich mich jemals über Ihre Religion lustig gemacht?«

Ein getaufter Berliner Kommerzienrat betrachtet sein Gesicht im Spiegel:
»Was nützt mir die ganze Taufe, wenn mein Ponem und meine Nase dieselben geblieben sind?«

»Einmal taufen«, sagt ein Wiener Pfarrer zu einem Bankier, der zum christlichen Glauben übertreten wollte, »einmal taufen, mein lieber Herr, wird bei Ihnen nicht viel nützen, und zweimal taufen ist nicht erlaubt.«

Ein getaufter Anwalt aus Wien, Dr. Levi, macht auf einer Mittelmeereise die Bekanntschaft eines Herrn Müller aus Westfalen. Er hat mit dem blonden und blauäugigen Deutschen viele gemeinsame Interessen, fürchtet aber, daß sein freundlicher Gesprächspartner gegen sein typisch jüdisches »Äußeres« voreingenommen sein könnte. Und so sagt er eines Tages, während sie beide an Bord spazieren gehen:
»Lieber Herr Müller, da wir seit Tagen so freundschaftlichen Kontakt pflegen, fühle ich mich verpflichtet, Ihnen zu erklären, daß, obwohl mein Name so klingt und ich auch so aussehe, und Sie bestimmt denken, daß ich Jude bin, ich aber Christ bin.«
Der Westfale betrachtet seinen Partner erstaunt, lächelt und sagt:
»Lieber Freund, das macht doch nichts. Ich möchte Ihnen auch etwas erklären: Obwohl ich so aussehe und mein Name so klingt und Sie bestimmt denken, daß ich Christ bin: Ich bin Jude.«

Jonas Liebeskind ist Angestellter in der Bank des Herrn Salamonowitsch. Eines Morgens verspätet er sich und entschuldigt sich bei seinem Chef:
»Es tut mir leid, daß ich heute später gekommen bin, aber das

war wegen der Zeremonie, die länger dauerte, als ich erwartet hatte.«
»Was für eine Zeremonie?«
»In der Kirche.«
»Was haben Sie in der Kirche zu tun, Liebeskind?«
»Nu, ich hab mich taufen lassen.«
Der Chef sieht ihn mitleidig an. Als zwei Stunden später Liebeskind dem Chef die Unterschriftenmappe vorlegt, entdeckt Salomonowitsch viele Fehler in den Briefen. Er sagt:
»Liebeskind, kaum drei Stunden nach der Taufe, und Sie haben schon a gojischen Kopf!«

Ein Bekannter fragt einen getauften Juden:
»Haben Sie wirklich mit der Taufe alle jüdischen Eigenschaften verloren?«
»Man kann es wohl sagen, bis auf eine.«
»Und die wäre?«
»Vor die Hunde fürchte ich mich noch immer.«

Kommerzienrat Nathan hat nach seiner Taufe auch seinen nun unbequemen Namen geändert und heißt jetzt Noris. Er achtet nun streng darauf, daß man seinen früheren Namen nicht erwähnt. Aber unter seinen Angestellten ist auch der alte Levy, der schon bei seinem Vater gearbeitet hat und sich schlecht an den neuen Namen gewöhnen kann. Ab und zu vergißt er, daß sein Chef jetzt Noris heißt und benutzt den alten Namen, den Herr Noris gern vergessen hätte. Und so wird der alte Herr Levy getadelt und getadelt und immer wieder daran erinnert, daß er den verhaßten Namen ›Nathan‹ nicht mehr erwähnen soll.
Eines Tages fragt Herr Kommerzienrat Noris den Levy:
»Sagen Sie, welches Stück spielt man im Königlichen Schauspielhaus?«

Levy schaut verlegen, er überlegt eine Weile und endlich antwortet er:
»Was sollen die spielen, eppes a Stück von Lessing spielen sie.«
»Na gut, aber was für ein Stück von Lessing?«
Levy denkt nach und ruft voller Freude:
»Nu, was für a Stück? Die spielen ›Noris der Weise‹«.

Eines Tages erscheint in einem kleinen polnischen Städtchen ein englischer Missionar. Es hat sich schnell herumgesprochen, daß jeder Jude, der sich von ihm taufen läßt, eine hohe Geldprämie bekommt. Der arme Chaskiel Brojde erklärt sich bereit, Christ zu werden, aber es soll sofort geschehen. Da fragt ihn der Engländer:
»Warum haben Sie es so eilig?«
»Was heißt, warum? Wegen der Passahfeiertage.«
»Aber was haben die jüdischen Passahfeiertage mit der christlichen Taufe zu tun?«
»Was? Ich brauch doch das Schmattgeld* für Mazzes*.«

Der Krakauer Musikprofessor Reis hat beschlossen, sich taufen zu lassen. Er trifft seinen Freund Professor Grzybowski und fragt ihn:
»Lieber Freund, ich soll heute getauft werden, kannst du mir nicht sagen, was ich zu der Zeremonie anziehen soll? Frack oder Smoking?«
»Tut mir leid, daß ich dich nicht beraten kann, wir tragen dabei üblicherweise Windeln.«

Ein getaufter Jude macht eine gehässige Bemerkung über die Juden. Darauf einer der Anwesenden:

---

* Schmatt, schmatten (jidd.) = Taufe, taufen. Mazzes (aus dem hebr.) Mazza (Plural), Mazzot = ungesäuertes Brot für die Passahfeiertage.

»Herr Geheimrat, Ihr Ant*e*semitismus war mir bekannt, Ihr Ant*i*semitismus ist mir neu.«

»Wie heißen Sie?« fragt der Richter in Budapest einen sehr jüdisch aussehenden Zeugen.
»Lengyel«, antwortet der Gefragte.
»Früher gewiß Levi ... Ihr Vorname?«
»Arpad.«
»Arpad, Arpad, früher gewiß Abraham ... Religion?«
»Und wenn Sie auch zerspringen, Herr Richter, römisch-katholisch.«

Ein getaufter Jude trifft auf der Straße einen Bekannten:
»Ich muß Ihnen einen fantastischen Witz erzählen, den ich selbst erlebt habe. Also, Sie wissen doch, daß ich katholisch bin ...«
»Wirklich phantastisch, einen besseren Witz konnten Sie mir gar nicht erzählen.«

Ein Jude besucht einen evangelischen Pfarrer, der »Spezialist« für die Judentaufen ist. An den Wänden hängen viele Bilder mit biblischen Motiven wie: Erzvater Abraham opfert seinen Sohn Isaak, Erzvater Jakob mit der Himmelsleiter, Moses mit den Gesetzestafeln. Der Jude schaut die Bilder an und sagt: »Herr Pfarrer, Sie müssen, wie ich sehe, sehr viel jüdische Kundschaft haben.«

Der reiche rumänische Jude Isaak Herskovici gehörte zu den wenigen »konzessionierten Juden« im Königreich Rumänien, die einen Grundbesitz haben dürfen. Nun ist er gestorben, und sein Erbe, der Neffe Joel, der in Galatz lebt, hat keine Aussicht »konzes-

sioniert« zu werden und wird sein geerbtes Gut verkaufen müssen.
Ein Makler will das ausnützen und so fährt er nach Galatz, ehe sich die Konkurrenz einschaltet, um den Erben zum Verkauf zu bewegen. Er kommt am Morgen an und trifft Joel beim Morgengebet im Morgenmantel und Tefillin* an der Stirn und am linken Arm an. Der Agent ist in Eile, er will alles abwickeln, ehe die anderen kommen, so versucht er dem Betenden einzureden:
»Herr Herskovici, Sie wissen doch, daß Sie das Gut ihres Onkels verkaufen müssen.«
Der Betende macht eine abwehrende Bewegung. Er darf jetzt nicht sprechen, nicht seine Andacht unterbrechen. Um das dem Agenten deutlich zu machen, beginnt er lauter zu beten.
Aber der Makler läßt nicht nach:
»Es wird Ihnen doch nichts nützen, Sie werden doch verkaufen müssen.«
Der Betende murmelt wieder etwas hinter der Nase, macht eine ablehnende Handbewegung und betet weiter.
Der Makler fährt fort:
»Sie schaffen es nicht, das Gut zu behalten, es ist völlig ausgeschlossen. Als Jude können Sie doch das Gut nicht übernehmen, und eine Konzession bekommen sie bestimmt nicht.«
Nun ist Joel mit dem Gebet fertig und brüllt den Makler an: »Was heißt, als Jude? In zehn Minuten laß ich mich schmatten. Der Pope wartet nebbich schon seit einer Stunde auf mich, bis ich mit dem Morgengebet fertig bin.«

Frau Cohn hat gehört, daß sich die Familie Löbe demnächst taufen lassen will. Als sie Frau Löbe begegnet, fragt sie sie: »Frau Löbe, wann findet doch bei ihnen die Schmattinee statt?«

---

* Tefillin, aus dem hebr. Tefilla = Gebet, Gebetsriemen, die jeder ab dem 13. Lebensjahr beim Morgengebet am linken Arm und an der Stirn trägt.

Ginsberg und Grabow haben sich taufen lassen. Nun heißt ihre gemeinsame Firma O'Neill and O'Neill.
Kommt ein Kunde ins Geschäft und sagt:
»Ich möchte Herrn O'Neill sprechen.«
»Bitte sehr, welchen O'Neill wollen Sie denn sprechen, Ginsberg oder Grabow?«

V. Aus der westlichen Welt

Deutschland

Ein deutscher Jude wurde von einem Bekannten gefragt:
»Ich verstehe nicht, wie Sie als Jude einen Weihnachtsbaum haben.«
»Aber ich bitte Sie, das ist doch keine christliche, sondern eine urgermanische Sitte.«

In einer Berliner Mädchenschule fragte die Lehrerin ein jüdisches Mädchen:
»Zu welcher Rasse gehören die Juden?«
»Zur semitischen«, war die Antwort.
»Und zu welcher Rasse gehören die Deutschen?«
»Zur antisemitischen.«

Als in der Dresdener Synagoge eine Orgel aufgestellt wurde, bewarb sich ein Jude um die Organistenstelle. Der Vorstand lehnte seine Bewerbung mit großem Bedauern und der Begründung ab, es würde das religiöse Gefühl der meisten Gemeindemitglieder verletzen, wenn ein Jude am Sabbat die Orgel spiele.
»Na schön«, meinte der Bewerber, »bei festem Engagement wäre ich nicht abgeneigt, mich taufen zu lassen.«

Seinerzeit verbreiteten sich in Deutschland Gerüchte, daß Richard Wagner mit seinem Antisemitismus nur die Tatsache verdecken wollte, daß er einen jüdischen Vater hatte. Man reagierte darauf mit folgenden Witzen:

Zwei Juden unterhalten sich:
»Also, Wagner ein Jude? Man möcht's nicht für möglich halten.«
»Ich habe es längst gewußt.«
»Woher denn?«
»Na, er hat doch seinem Sohn den Namen Siegfried gegeben.«

Zwei andere Juden unterhalten sich:
»Dieser urgermanische Künstler soll einen jüdischen Vater gehabt haben? Höchst sonderbar.«
»Finde ich gar nicht, bei einem Menschen mit einer so ausgesprochenen jüdischen Eigenschaft.«
»Sie phantasieren wohl, er war doch Erzantisemit. Denken Sie nur an seine Schrift ›Das Judentum in der Musik‹.«
»Gerade deshalb, er hatte eben nur *eine* jüdische Eigenschaft: die jüdische Chuzpe*.«

Der kleine Sohn des bekannten Warenhausbesitzers Tietz war zum ersten Mal in den Religionsunterricht gegangen. Als der Junge nach Hause kam, wurde er gefragt, wie ihm der Unterricht gefallen habe. Entrüstet sagte er:
»Da gehe ich nie wieder hin. Eine ganze Stunde hat der Lehrer von Adam, Jordan und Abraham erzählt, aber Tietz hat er nicht einmal erwähnt.«

In der Zeit, als in Deutschland die reformierte Synagoge populär wurde, fragt ein Besucher der Sezessionsausstellung einen Juden aus dem Osten Berlins, der anscheinend mit großem Interesse die Gemälde betrachtet:
»Sie sind wohl auch ein Anhänger der modernen Richtung?«

---

* Chuzpe (aus dem hebr. und jidd.) = Frechheit, Unverschämtheit. Der Ausdruck ist über den Berliner Dialekt in die Umgangssprache gekommen.

»Gott behüte«, antwortete der Jude, »ich geh immer noch in die alte Schul.«

Aus dem Schlußwort der Predigt eines Berliner Reformrabbiners im Jahre 1903:
»Und so danken wir dir, o Herr, daß du nur die Juden in Rußland hast hinschlachten lassen, uns aber gnädig verschont hast. So hast du wiederum die Wahrheit des alten herrlichen Sprichwortes bewiesen, das da lautet: Gott verläßt die Preußen nicht. Willst du aber, allmächtiger Vater, noch einmal deinen Zorn über die Juden ergießen, o so verschone stets die preußischen, und wenn sich auch unter diesen Sünder befinden, dann halte wenigstens das Verderben ab von der heiligen Gemeinde Berlin. Amen.«

In Steegers bei Schlochau hatten vier tapfere Germanen einen Juden totgeschlagen, weil der arme Kerl das Vaterunser nicht hersagen konnte. Als ein reformierter Jude aus Berlin das in der Zeitung las, rief er aus:
»Unsereinem kann so was nicht passieren.«

Die Frau Gemahlin eines reformierten Rabbiners aus Süddeutschland weilte zum jüdischen Neujahr bei einer orthodoxen Familie zu Gast. Angeregt durch die verschiedenen religiösen Zeremonien rief sie entzückt:
»Es ist doch etwas Schönes mit diesen jüdischen Gebräuchen, das erinnert mich so an mein Elternhaus.«

Ein jüdischer Kaufmann in der Karlstraße zu Berlin hatte unter lauter christlichen Angestellten auch einen jüdischen jungen Mann. Eines Tages hat der Chef dem jungen Mann mit der Begründung gekündigt:

»Eigentlich bin ich mit Ihnen sehr zufrieden, aber sehen Sie, alle meine Angestellten sind Antisemiten und weigern sich, mit einem jüdischen Kollegen zusammenzuarbeiten.«

Als die Nazis an die Macht kamen und alle Juden entlassen wurden, wurde ein Beamter beauftragt, Max Liebermann mitzuteilen, daß er als Jude nicht mehr Präsident der Preußischen Akademie der bildenden Künste sein könne. Der Beamte kam zu dem berühmten Maler mit der Aufgabe, zu versuchen, ihn zu einer »freiwilligen« Abdankung zu bewegen. Dem Beamten war es peinlich, und außerdem fürchtete er die überall bekannte scharfe Zunge Liebermanns. Er versucht, über die veränderten Zeiten zu reden, daß die neuen Zeiten neue Menschen brauchten, daß auch in der Akademie Änderungen unumgänglich seien. Liebermann schweigt die ganze Zeit. Der Beamte fängt an zu stottern, er versucht noch etwas in den Bart zu murmeln, schließlich sitzt er völlig stumm vor dem Maler. Nach etwa einer halben Stunde Schweigen sagt Max Liebermann:
»Na, ich glaube, Sie haben sich schon lange genug geschämt, jetzt können Sie ruhig gehen.«

Ein Nazi begegnet einem Juden:
»Hast du gehört, am Alex hat man heute alle Juden und alle Hunde erschossen.«
Darauf der Jude:
»Na, da haben wir aber beide Glück gehabt, daß wir nicht dort waren.«

Nach der Einführung der Nürnberger Gesetze im Dritten Reich kommt ein Parteifunktionär in eine katholische Kirche und befiehlt dem Pfarrer, die neue Verordnung von der Kanzel zu verlesen. Der Geistliche zitiert:

»Alle getauften Juden haben die Kirche zu verlassen.« Einige Anwesende verlassen das Gotteshaus.
»Alle Juden, deren Eltern getauft worden sind oder von denen nur ein Elternteil getauft worden ist, sollen die Kirche verlassen.«
Wieder entfernen sich mehrere Personen.
»Alle diejenigen, deren Großeltern oder ein Teil der Großeltern getauft worden sind, sollen die Kirche verlassen.«
Der ganze Rest steht auf und geht. Es wird still in der Kirche. Plötzlich sagt Jesus zur Muttergottes: »Mame, kim.«

Bevor im Dritten Reich die Nürnberger Gesetze eingeführt wurden, durften jüdische Kinder noch die allgemeinen Schulen besuchen. Ein Lehrer fragt im Geschichtsunterricht:
»Kinder, wer von euch kann mir die Gründe für unsere Niederlage im Ersten Weltkrieg nennen?«
Fritz meldet sich:
»Herr Lehrer, das waren die Juden. Sie haben die Industrie und den Handel in Deutschland beherrscht und den Kampf unseres tapferen Volkes gegen die Erzfeinde sabotiert.«
»Sehr gut, wer weiß noch eine Antwort?«
»Das waren die Juden, Herr Lehrer. Die saßen zu Hause und haben unseren heldenhaften Soldaten an der Front nicht rechtzeitig Munition, Waffen und Verpflegung geliefert.«
»Auch richtig, wer kennt noch einen Grund?«
Da steht der kleine Itzik Gelb auf:
»Das waren die Juden. Sie saßen im Generalstab ...«
Da unterbricht der Lehrer den Jungen und schreit voller Wut: »Es gab keine Juden im deutschen Generalstab!«
Darauf Itzik:
»Wer sagt im deutschen? Aber im englischen, im französischen und im amerikanischen Generalstab.«

Als Hitler zur Macht kam, hat er beschlossen, sich mit der Weisheit des Talmud vertraut zu machen. Er ließ einen der besten Kenner des Talmuds, einen bekannten Rabbi zu sich rufen und sagte: »Hör mal, du Jude, du sollst mir erklären, was ist das, euer Talmud, und worin besteht seine Weisheit.«
»Sehr gerne«, antwortete der Rabbi, »aber ich muß Sie warnen, daß dies sehr schwierig und kompliziert zu erklären ist.«
»Ich bin der Führer des großen deutschen Volkes, und es gibt für mich keine schweren und komplizierten Probleme.«
»Also gut, ich werde Ihnen es auf Grund eines Beispiels erklären. Stellen Sie sich vor ein Dorf in Osteuropa. Im Dorf stehen dicht nebeneinander gemauerte einstöckige Häuser. Alle diese Häuser haben flache Dächer, und man kann ohne Mühe von einem Dach auf das nächste gehen. Und nun ist eine Nacht, eine Vollmondnacht. Zwei Juden spazieren über diese Dächer entlang. Einer dieser Juden wollte in den Kamin hineinschauen und fiel hinein. Der zweite Jude wollte ihm helfen und er ist auch hineingefallen. Als die beiden aus dem Kamin endlich herauskamen, war der eine weiß und der zweite schwarz. Nun, was meinen Sie, Herr Hitler, welcher von den beiden ging sich waschen?«
»Natürlich der schwarze ...«
»Nein, Herr Hitler, keiner von den beiden.«
»Wieso?«
»Einfach, der Schwarze hat den Weißen angeschaut und dachte, daß er auch weiß ist, so ist er nicht gegangen. Der Weiße hat aber gesehen, daß er weiß ist, so hatte er nicht nötig, sich zu waschen.«
»Aha, jetzt verstehe ich.«
»Ein Momentchen, Herr Hitler, dies ist erst der Anfang. Nun nochmals. Ein Dorf in Osteuropa, dichtstehende gemauerte einstöckige Häuser mit flachen Dächern. Eine Vollmondnacht, zwei Juden spazieren über die Dächer. Der eine hat in den Kamin hineinschauen wollen, er fiel hinein, der zweite wollte ihm helfen, er fiel auch rein. Als sie herauskamen war der eine weiß und der zweite schwarz, welcher von den beiden ging sich waschen?«
»Keiner von den beiden«, sagte Hitler.

»Aber wo, beide.«
»Warum?«
»Weil der eine hat den andern angeschaut und als er sah, daß er schwarz ist, hat er gedacht, daß er auch schwarz ist und der andere, der hat gesehen, daß er weiß ist.«
»Aha, jetzt verstehe ich.«
»Nein, Herr Hitler, ich bin noch nicht zu Ende mit der Geschichte. Nun nochmal.«
»Ein Dorf in Osteuropa, eine Vollmondnacht, die zwei Juden spazieren über die Dächer der einstöckigen gemauerten dicht nebeneinander stehenden Häuser. Der eine fiel in den Kamin, der zweite wollte ihm helfen, sie kamen heraus, der eine weiß, der zweite schwarz, nun welcher von beiden ging sich waschen?«
»Keiner.«
»Nein.«
»Beide.«
»Nein, sehen Sie Herr Hitler, der Weiße.«
»Warum?«
»Weil er gesehen hat, daß der andere schwarz ist, so hat er geglaubt, auch schwarz zu sein.«
»Na endlich verstehe ich.«
»Nein, Herr Hitler. Nun noch einmal.«
»Ein Dorf in Osteuropa, zwei Juden spazieren in einer Vollmondnacht über die Dächer der einstöckigen gemauerten Häuser. Der eine fiel in den Kamin, der andere wollte ihm helfen, der eine kam weiß und der andere kam schwarz heraus. Nun, welcher von den beiden ging sich waschen?«
»Beide.«
»Nein.«
»Keiner.«
»Nein.«
»Der Weiße.«
»Nein, diesmal der Schwarze, weil er gesehen hat, daß er schwarz ist.«
»Na endlich verstehe ich es.«

»Nein, Herr Hitler, ich fürchte, daß Sie es doch nicht verstehen.«
»Warum?«
»Erstens, wo haben Sie in Osteuropa ein Dorf mit einstöckigen gemauerten Häusern gesehen. Na gut, nehmen wir an, daß es so ein Dorf gibt. Nun zweitens, wie ist es möglich, daß die Häuser so dicht nebeneinander stehen, bei der Feuerwehrtechnik drüben wäre das gefährlich. Na, aber nehmen wir an, daß es sowas gibt. Nun drittens, warum aber die flachen Dächer? Und wenn es regnet, geht alles kaputt. Aber nehmen wir an, daß es sowas gibt. Nun viertens, sagen Sie, was haben die Juden im Dorf zu suchen, und ausgerechnet in der Nacht. Nehmen wir aber an, daß sie dort waren. So fünftens, sagen Sie, warum spazieren die Juden in der Nacht? Können sie es nicht am Tag tun? Na, nehmen wir aber an, daß es so war. So sechstens, sagen Sie, Herr Hitler, wie ist es, daß die beiden Juden um spazieren zu gehen, über die Dächer klettern? Könnten sie nicht wie andere Menschen über die Straße spazieren gehen? Nehmen wir aber an, daß es so war. So siebtens, sagen Sie, was hat ein Jude im Kamin zu suchen? Nehmen wir aber an, daß er wirklich sehen wollte, was im Kamin zu sehen sei. So achtens, haben Sie schon einen Juden gesehen, der bereit ist, den anderen zu helfen? Na, nehmen wir es aber an, so neuntens, sagen Sie Herr Hitler, wie ist es überhaupt möglich, daß zwei Juden in den Kamin fallen und der eine weiß und der andere schwarz herauskam?«

Derselbe Witz ist auch mit einer anderen Szenerie und einer anderen Pointe erzählt. Ein Jude kommt zum Rabbi und fragt ihn: »Was ist das, Dialektik?«
Der Rabbi erzählt ihm dieselbe Geschichte. Als der Jude sie hört, sagt er:
»Rabbi, du drehst es jedesmal so, wie es dir paßt.«
Darauf der Rabbi: »Siehst du, das ist eben Dialektik.«

USA-England

Ein Jude fährt mit dem Zug von New York nach Washington. In seinem Abteil entdeckt er einen Neger, der eine Zeitung liest. Er sieht genauer hin und staunt: der Neger hat eine jiddische Zeitung. Da spricht er ihn an:
»Hören Sie mal, haben Sie nicht schon genug Zores als Neger, müssen Sie dazu noch a Jud sein?«

Im Eisenbahncoupé sitzen ein Jude und ein Neger. Der Jude fragt: »Entschuldigen Sie bitte, sind Sie Jude?«
»Aber nein«, antwortet der Neger, »Sie sehen doch, daß ich schwarz wie die Nacht bin.«
»Na gut, aber wo wir doch unter vier Augen zusammensitzen, können Sie mir doch die Wahrheit sagen. Sie sind doch Jude?«
»Aber nein.«
Und so peinigt der Jude den Neger mit immer wieder derselben Frage in allen möglichen Varianten eine halbe Stunde lang. Endlich gibt der Neger nach:
»Ja, ich bin Jude.«
Da schaut ihn der Jude an, schüttelt mit dem Kopf und sagt: »Sie sehen aber gar nicht so aus.«

In einer amerikanischen Schule fragt der Lehrer seine Schüler: »Kinder, wer war der Größte in der menschlichen Geschichte? Wer die richtige Antwort gibt, erhält 20 Dollar.«
Als erste meldet sich Mary:
»George Washington.«
»Nein!«
Dann meldet sich John:
»Das war Lincoln.«
»Auch falsch.«
Nun meldet sich der kleine Itzik:

»Jesus Christus.«
Da ruft der Lehrer voller Freude:
»Richtig. Dir gehört der Preis.«
Nach dem Unterricht spricht der Lehrer den Sieger an:
»Itzik, du bist doch ein jüdischer Junge, nicht wahr? Und ich dachte, du würdest Moses für den Größten halten.«
»Ja, Herr Lehrer, Sie wissen das und ich weiß es, aber business is business.«

In New York Brooklyn wurde ein neuer Laden eröffnet. Auf dem Schild stand: »Advices, Ratschläge, Eizes.«
Der erste Kunde fragt:
»Sagen Sie, Bruder Jude, wie viel kostet etwa ein Eize?«
»Das hängt davon ab«, antwortet der Ladenbesitzer, »was für eine Eize Sie haben wollen. Unsere Preise schwanken zwischen 5 und 100 Dollar.«
»Also gut, geben Sie mir einen Ratschlag für 5 Dollar.«
»Bitte sehr, Sie sollen nie die Hände beim Waschen nach oben halten.«
»Warum?«
»Weil Sie sonst ihren Ärmel naß machen.«
»Aber ich brauche doch keine solchen Eizes, ich will einen Ratschlag, wie ich Geld verdienen, wie ich ein Geschäft machen kann.«
»Na gut, einen solchen Rat können Sie bei mir natürlich auch bekommen. Sagen Sie, wo wohnen Sie?«
»In Bronx.«
»Also, für 100 Dollar bekommen Sie eine ausgezeichnete Eize für business.«
Der Kunde ist einverstanden.
»Bruder Jude, fahr' nach Bronx, miete einen Laden wie diesen hier, häng' ein Schild auf ›Advices, Ratschläge, Eizes‹, und ich garantiere, wenn du täglich fünf solche Trottel, wie du einer bist, als Kunden hast, machst du ein Vermögen.«

Eines Tages erscheint im Gericht der Stadt London ein orthodoxer Jude. Er trägt einen Kaftan, eine Pelzmütze, hat einen Bart und Pejes. Der Richter schaut den Zeugen an und flüstert dem Gerichtssekretär zu:
»Oh, dies ist ein orthodoxer Jude, er spricht wahrscheinlich kein Englisch. Sie müssen einen Dolmetscher für Jiddisch suchen.«
Der Sekretär sucht im ganzen Gebäude nach jemandem, der Jiddisch spricht, und endlich hat er einen Dolmetscher gefunden. Stolz bringt er den Mann in den Gerichtssaal und läßt ihn sich neben den Zeugen stellen. Aber als der orthodoxe Jude den Dolmetscher sieht, wendet er sich in hervorragendem Oxfordenglisch an den Richter:
»Your Honour, ich glaube kaum, daß ich einen Dolmetscher für Englisch brauche. Ich habe die Universität in Oxford mit Promotion und einer Goldmedaille absolviert.«
Darauf der Dolmetscher: »Er hot gesugt ...«

Derselbe Witz hat auch eine amerikanische Version:
Ein Inaugurationskonzert der New Yorker Symphoniker – der Vertreter der amerikanischen Regierung hält eine Rede:
»Ladies and gentlemen, it is the first American Symphonic Orchestra, which is organised by the American, which is played by the American and which is heard by the American ...« Da beugt sich der Dirigent zum ersten Geiger und fragt: »Wus sugt er eppes?«

Ein Hauseigentümer in Dallas hat vor seinem Hochhaus ein Inserat ausgehängt: Wohnung zu vermieten. Nun meldet sich eine ältere Dame mit Hund, die aber sehr jüdisch aussieht. Nun, als sie über die Wohnung zu sprechen beginnt, erweist sich auch, daß sie so gut wie jiddelt. Der Hauseigentümer schaut sie voller Abscheu an und sagt:
»Madame, es ist ein Irrtum mit der Wohnung.«
»Wieso ein Irrtum, Sie haben doch ihre Anzeige ausgehängt?«

»Das schon, aber Sie haben einen Hund und ich dulde keine Tiere.«
»Nu, hab a Hund, da werd ich morgen ka Hund habn, ich gib mein Hund an meine Tochter und ich hab schon ka Hund mehr.«
»Aber sehen Sie, die Wohnung ist in der 13. Etage und der Aufzug ist defekt.«
»Es macht nichts, Sehen sie, ich hab a niedrigen Blutdruck und mein Arzt hat mir empfohlen, viel zu laufen und mich zu bewegen.«
»Aber die Wohnung ist renovierungsbedürftig, und das wird wenigstens 5000 Dollar kosten. Und das muß der Mieter bezahlen.«
»Gut, ich bin bereit es zu bezahlen.«
»Ich sehe, daß ich Ihnen ganz offen sagen muß, warum ich Sie nicht als Mieterin will. Sie sind Jüdin, und ich mag keine Juden.«
»Was, ich eine Jüdin? Mein Herr, da irren sie sich. Ich bin katholisch.«
»Sie? Sie sind katholisch?«
»Ja.«
»Darf ich Ihnen einige Fragen stellen?«
»Bitte.«
»Kennen Sie die Litanei zur heiligen Mutter?«
»Aber natürlich« – und die Dame rezitiert mit jiddischem Akzent die Litanei.
»Nun, können Sie mir die zwölf Apostel nennen?«
»Auch a Frage? Peter, Paulus, Mathäus, Thomas, Simeon, Johannes ...«
Der Vermieter staunt:
»Nun erlauben Sie mir die letzte Frage: wo ist Jesus geboren?«
»Wo? In einem Stall, weil solche Antisemiten wie Sie seinen Eltern keine Wohnung vermieten wollten.«

Der Auftritt eines weltbekannten Seiltänzers ist angekündigt, er soll auf einem zwischen zwei Wolkenkratzern gespannten Seil in 200 Meter Höhe seine Künste zeigen. Die Eintrittskarten kosten im Schwarzhandel 100 Dollar. Endlich kommt der Tag. Tausende

von Menschen beobachten den berühmten Artisten. Alle sind begeistert. Als Höhepunkt fährt der Akrobat mit dem Rad über das Seil, ohne mit den Händen zu lenken und spielt dazu noch auf der Geige den Csardas von Monti. In der begeisterten Menge der Zuschauer stehen zwei Juden; sagt der eine zum andern:
»Nu, a Paganini ist er nicht.«

Zum Psychiater in New York kommt eine besorgte Jüdin mit ihrem zehnjährigen Sohn:
»Herr Doktor, mit meinem Jungen ist etwas nicht in Ordnung.«
Der Arzt untersucht den kleinen Patienten sorgfältig und stellt fest:
»Frau Gold, Ihr Sohn hat den Ödipus-Komplex.«
»Oh, Herr Doktor, Ödipus, Schmedipus, die Hauptsache ist, daß er die Mama lieb hat.«

Carnegie Hall in New York, Konzert von Artur Rubinstein. Im Saal wendet sich ein Herr an seinen Nachbarn:
»Entschuldigen Sie, daß ich frage, aber ich bin das erste Mal hier. Könnten Sie mir erklären, was das schwarze Ding da vorn ist, dieser Kasten auf drei Füßen?«
»Das ist ein Konzertflügel«.
»Danke vielmals. Aber warum trägt er die Aufschrift ›Bechstein‹?«
»Das ist der Hersteller des Klaviers.«
»Danke sehr. Sagen Sie, ist dieser Bechstein Jude?«
»Jawohl.«
»Danke. Und dieser Mann da, mit der grauen Mähne, wer ist is?«
»Das ist der weltberühmte Pianist Artur Rubinstein.«
»Ah, so, ist er auch Jude.«
»Ja.«
»Entschuldigen Sie, wenn ich Sie noch was frage, aber ich bin das erste Mal hier. Und diese Tasten, die der Jude da drückt, warum sind die schwarz und weiß?«
»Das sind ganze Töne und Halbtöne.«

»Und aus welchem Material werden die Tasten hergestellt?«
»Aus Elfenbein. Die schwarzen Tasten sind gefärbt.«
»Ah, so, macht man sie aus den Knochen des Elefanten?«
»Nein, das sind die Zähne, man schneidet sie ab und sägt sie in Stücke.«
»Und wie reagiert der Elefant darauf?«
»Den Elefanten muß man natürlich töten.«
»Na schauen Sie, so was. Was diese Juden den armen Elefanten alles antun!«

Drei Juden, Mitglieder der amerikanischen reformierten jüdischen Gemeinden unterhalten sich über ihre Rabbis:
»Mein Rabbi kommt am Sabbat mit seinem Cadillac zur Synagoge.«
»Und mein Rabbi ißt demonstrativ am Versöhnungstag vor der ganzen Gemeinde.«
»Das ist doch gar nichts!«
»Unser Rabbi hängt am Sabbat und allen Feiertagen ein Schild an den Synagogeneingang: Wegen Feiertage geschlossen.«

Eine patriotische Dame aus den Südstaaten wollte während des Zweiten Weltkriegs etwas für die kämpfenden Soldaten tun. So beschloß sie, eine Party zu veranstalten und bat die örtliche Kommandantur der US-Army, man solle zu ihrer Party 20 Soldaten schicken, aber keine Juden.
Um 19 Uhr hält – wie verabredet – ein Bus, aus dem zu ihrer Überraschung 20 Neger in Galauniformen aussteigen und sich artig als Gäste melden. Die Dame stottert:
»Abbber, das muß doch ein Irrtum sein ...«
Der Sergeant sagt lächelnd:
»Madame, unser Kommandant Oberst Cohn irrt sich nie.«

In den USA gibt es drei Synagogen, die orthodoxe, die konservative und die reformierte. Über die Unterschiede dieser Synagogen erzählt man in Amerika folgenden Witz:

Rosenbloom hatte viel Geld verdient und kaufte sich einen Sportwagen, einen Ferrari. Als er seiner Frau voller Stolz seine Neuerwerbung vorführt, erklärt er:
»Das ist ein toller italienischer Renner, er kostet 30 000 Dollar und schafft 240 Sachen.«
Die Frau ist erschrocken:
»Aber Moriz, das ist doch sehr gefährlich. Geh sofort zum Rabbi und bitte ihn, daß er dir eine Bruche* macht. Der Segen wird dich vor einem Unglück schützen.«
Rosenbloom kommt zum orthodoxen Rabbi:
»Rabbi, ich habe eben einen Ferrari gekauft und meine Frau meint, ich soll dich um eine Bruche bitten.«
»Was ist das, ein Ferrari?«
»Ein Ferrari, das ist ein schneller italienischer Sportwagen, der 240 Meilen die Stunde macht.«
»Scher dich raus, ich bin Rabbi und befaß mich nicht mit euren teuflischen Autos.«
»Sorry«, sagte Rosenbloom, und ging zum konservativen Rabbi.
»Rabbi, ich habe einen Ferrari gekauft, das ist ein ganz schickes italienisches Auto und macht 240 Meilen pro Stunde. Meine Frau sagt, daß das gefährlich sei, deshalb soll ich dich bitten, mir eine Bruche zu machen.«
»Ich kenne zwar Bruches für Brot und Wein, für Obst und Gemüse, für verschiedene Sachen und Angelegenheiten, aber keine Bruche für ein Auto.«
»Sorry«, entschuldigte sich Rosenbloom, und er ging zum reformierten Rabbi. Er wird von einem eleganten jungen Mann begrüßt:
»Was kann ich für Sie tun?«

---

* Bruche (aus dem hebr. Bracha) = Segen.

»Oh, Rabbi, ich habe einen Ferrari gekauft, sehen Sie, das ist ein italienischer Wagen, er macht pro Stunde ...«
Da unterbricht ihn der Geistliche:
»Ah, Sie wollen mir erklären, was ein Ferrari ist? Ich hatte mal einen solchen Wagen, toll was? Aber heute fahre ich einen Alfa Romeo. Haben Sie Ärger mit der Maschine?«
Rosenbloom ist glücklich, daß der Rabbi weiß, was ein Ferrari ist und sagt:
»Oh, Rabbi, ich bin so froh, daß du was von Ferraris verstehst. Nun, mein Problem ist, daß meine Frau meint, die 240 Sachen pro Stunde seien gefährlich, und ich solle mich an dich wenden, damit du mir gegen diese Gefahr eine Bruche über den Wagen machst.«
»Sehr gern, aber was ist eine Bruche?«

Israel

Was ist ein Zionist?
Ein Jude, der für das Geld eines zweiten Juden einen dritten Juden nach Palästina schicken will.

Das größte Unglück war, daß Moses gestottert hat. Wieso?
Als der liebe Gott ihn fragte, wohin er das jüdische Volk führen wolle, antwortete er: »Nach Ka ... Kana ...« Da glaubte Gott, er wolle nach Kanaan, aber Moses meinte eigentlich Kanada.

An allem Unglück ist unser Urvater Moses schuld. Konnte er uns nicht in die Schweiz bringen?

1948. Ein Jude meldet sich freiwillig zum Militär, er will Matrose werden. Nach der Musterung sagte der Offizier:

»Gut, Sie kommen zur Marine. Fahren Sie jetzt nach Hause. Wenn es so weit ist, bekommen Sie Nachricht.«
»Na gut«, sagt der Jude, »aber vielleicht bekomme ich als Beweis, daß Sie mich angenommen haben, eine Uniform.«
»Wir haben leider keine Uniform.«
»Vielleicht können sie mir dann eine Pistole geben.«
»Wir haben keine Pistolen. Aber sagen Sie, wenn Sie zur Marine wollen, Sie können doch schwimmen;«
»Was, Schiffe habt ihr also auch nicht?«

1949. Nach dem Waffenstillstand herrscht in Israel eine Wirtschaftskrise. Es scheint keinen Ausweg zu geben. Zwei Politiker unterhalten sich über die Lage. Der eine sagt:
»Ich habe eine Idee: Wir erklären Amerika den Krieg. Wir werden verlieren, die Amerikaner werden unser Land besetzen, wir sind dann alle Kriegsgefangene, die sie versorgen müssen.«
Darauf der andere:
»Und wenn wir den Krieg gewinnen?«

Vor den ersten Wahlen in Israel besucht ein Einwanderer aus Osteuropa Wahlversammlungen verschiedener Parteien. Auf einer Veranstaltung der Kommunistischen Partei beschuldigt der Redner das bürgerliche Lager, Israel an die Amerikaner verkaufen zu wollen. Bei einer Versammlung der bürgerlichen Partei wird den Kommunisten vorgeworfen, Israel an die Sowjetunion zu verschachern. Perplex sagt der Einwanderer:
»Ich verstehe das nicht, worauf warten die eigentlich noch, wenn man das Land zweimal verkaufen kann!«

Eine Gruppe jüdisch-amerikanischer Touristen besucht Israel. Am See Genezareth verlangt man von ihnen für eine Bootsfahrt 25 Dollar pro Person.

»Warum ist das so teuer?«
»Jesus hat diesen See zu Fuß überschritten ...«
»Nun«, meint ein Besucher, »bei solchen Preisen wundert mich das gar nicht.«

Drei Juden unterhalten sich darüber, wo sie einmal beerdigt sein wollen.
»Ich war immer ein frommer Mann, deshalb möchte ich neben dem Grab unseres Vaters Abraham bestattet werden.«
»Ich war Zionist, und ich bin ein Zionist, für mich wäre es die größte Ehre, neben Theodor Herzl, dem Gründer unserer Nationalbewegung, zu liegen«, sagte der zweite.
»Und ich möchte neben Sophia Loren liegen«, meinte schließlich der dritte.
»Sie lebt aber doch noch.«
»Na und, bin ich denn tot?«

Viele deutsche Juden haben sich in Naharija niedergelassen. In der Schule verrät der kleine Max seinem Freund:
»Ich glaube, ich weiß jetzt, wie Kinder gemacht werden. Ich habe es gestern bei meinen Eltern beobachtet.«
»Los, erzähl doch.«
»Also, zuerst gibt der Mann der Frau einen Kuß und streichelt sie. Dann legen sie sich ins Bett, drehen das Licht aus ...«
»Na, und was weiter?«
»Und dann sprechen sie deutsch miteinander.«

Ben Gurion fragt seinen Enkel:
»Was willst du werden, wenn du einmal groß bist?« »Ministerpräsident von Israel.«
»Das geht nicht«, antwortet Ben Gurion, »denn ich bin doch Ministerpräsident.«

Ben Gurion hat während eines großen Empfangs in Jerusalem seine Jacke ausgezogen. Der Chef des diplomatischen Protokolls flüstert ihm entsetzt zu:
»Herr Ministerpräsident, das geht nicht, das darf man auf einem offiziellen Empfang nicht tun.«
»Mir hat die englische Königin die Genehmigung erteilt«, kontert Ben Gurion.
»Wieso?« fragt der Diplomat.
»Als ich in London bei einem königlichen Empfang meine Jacke auszog, hat sie zu mir gesagt: ›Herr Gurion, das können Sie bei sich zu Hause machen‹.«

Der Leiter des israelischen Reisebüros belehrt die Reiseleiter, die die ausländischen Touristen betreuen:
»Also, meine Jungs, ihr dürft nicht vergessen, in jeder Situation höflich zu den Gästen zu sein. Wenn euch auch ein Amerikaner sagen wird, daß die USA ein größeres, schöneres und reicheres Land sind, sollt ihr nicht widersprechen.«

Eine Jüdin aus Rehovoth fragt ihre Nachbarin:
»Frau Gold, warum lehren sie ihrem kleinen Sohn Jiddisch? Wir leben doch schließlich in Israel und alle sprechen hier hebräisch, unsere heilige alte Muttersprache.«
»Sie fragen, warum ich meinem Kind Jiddisch beibringe? Weil ich will, daß er nicht vergißt, daß er Jude ist.«

Eine israelische Zeitung hatte eine Umfrage organisiert. Die Frage lautet: »Womit diene ich dem Volke«
Hier einige Antworten:
Der Schauspieler: ich spiele für alle.
Der Offizier: ich verteidige alle.
Der Rabbiner: ich bete für alle.

Der Arzt: ich heile alle.
Der einfache Bürger: ich zahle für alle.

Als die deutschen Juden nach Palästina kamen, herrschte dort eine besonders schlechte Situation auf dem Arbeitsmarkt. Es gab ein Überangebot von Akademikern, und so mußten Rechtsanwälte auf dem Bau arbeiten. Man erzählt aus dieser Zeit, wie die Arbeit auf einer Baustelle ausgesehen hat.
Zwei Hilfsarbeiter laden Ziegelsteine aus. Bei jedem gereichten Ziegelstein hört man:
»Bitte, Herr Doktor.«
»Danke, Herr Doktor.«

Der erste Emigrant aus Alaska kommt nach Israel. Am Flughafen warten schon Reporter von Presse und Rundfunk.
»Sie sind der erste Jude aus Alaska, der nach Israel kommt«, fragt ein Journalist. »Sagen Sie, gibt es viele Juden in Alaska?«
»Bis jetzt war ich der einzige Jude in Alaska?«
»Das bedeutet«, fragt ein anderer Reporter, »daß es jetzt keine Juden mehr in Alaska gibt?«
»Nein, jetzt leben dort zwei Juden.«
»Wie ist das möglich?«
»Einfach. Die zwei Herren von der jüdischen Agenz, die mich zur Auswanderung agitiert haben, sind dort geblieben.«

Ein reicher amerikanischer Jude, der viel Geld für Israel gespendet hat, kommt das Heilige Land besuchen. Er wird auch von Staatspräsident Schasar empfangen. Das Staatsoberhaupt fragt den großen Spender:
»Wie gefällt es Ihnen bei uns?«
»Alles wäre gut und schön, wenn diese Mode nicht wäre, hier die alten jüdischen Namen zu ändern. Aus David Grün wurde

Ben Gurion, aus Golda Meiersohn wurde Golda Meir, aus Mosche Schertok wurde Scharet, und Sie, Herr Präsident, Sie haben aus dem guten alten Namen Ben Zwi nun Schasar gemacht.«

Ein amerikanischer Tourist in Tel Aviv zu einem Pagen eines feudalen Hotels: »Könnten Sie mir einen Briefumschlag besorgen?«
»Sind Sie Gast bei uns?«
»Was heißt Gast? Ich zahle 50 Dollar pro Tag.«

Ein deutscher Jude kam nach Israel. Da er kein Wort Hebräisch sprach, mußte er sich alles übersetzen lassen. Als er einmal in einen Bus einsteigen will, sagt der Fahrer:
»Ejn Makom (kein Platz).«
»Was heißt Makom?«
»Makom? Ein Platz.«
Darauf drängt der Deutsche mit Gewalt in den Bus, wütend brüllt der Chauffeur:
»Ejn Makom!«
»Ich bin doch allein, ein Platz reicht!«

Im Himmel hat man beschlossen, endlich jemanden nach Israel zu entsenden, um den Frieden zwischen Juden und Arabern einzuleiten. Aber wen sollte man schicken? Das Los fiel auf Moses. Er lehnte ab:
»Ich habe es damals nicht geschafft, ich werde es auch heute nicht schaffen.«
Darauf sollte Jesus die Aufgabe übernehmen. Aber auch er weigerte sich:
»Ich bin doch erst 33, sobald ich in Israel erscheine, werde ich eingezogen.«
So beschloß der liebe Gott, die Sache selbst in die Hand zu neh-

men. Aber schon nach kurzer Zeit war er wieder zurück im Himmel. Die Engel fragten ihn verwundert nach dem Grund seiner schnellen Rückkehr.
»Ich habe gesehen, was in Israel los ist. Da kämpfen sie verbittert um jeden Stuhl in der Regierung. Wenn mein Thron lange leer steht, kommt vielleicht einer dieser Ehrgeizlinge und besetzt noch meinen Platz.«

In Beer Scheba drängen sich amerikanische Touristen um einen Fotografen, der Besucher auf einem Kamel fotografiert. »Wieviel nehmen Sie für eine Aufnahme?«
»Für das Besteigen des Kamels und für die Aufnahme 1 Pfund.«
»Kann man denn davon leben?«
»Warum nicht? Sehen Sie, für das Runterklettern nehme ich noch 5 Pfund.«

Ein Tourist aus Deutschland besucht die hebräische Universität in Jerusalem. An einem der Gebäude sieht er eine Tafel, auf der steht, daß das Haus den Namen ›Mann‹ trägt. Er wendet sich an seinen Begleiter:
»Das ist schön, daß Thomas Mann, der große deutsche Schriftsteller, hier in Israel so geehrt wird.«
»Das Haus ist nicht Thomas, sondern Frederick Mann gewidmet.«
»Frederick Mann? Was hat er denn geschrieben?«
»Was? Einen Scheck!«

Drei israelische Diebe, ein »Litvak«, ein Galizier und ein Rumäne beschlossen, gemeinsam ein Juweliergeschäft auszurauben. Nach dem Einbruch sagt der »Litvak«:
»Habt ihr die wunderschöne Platinkette mit den Diamanten gesehen?«
Darauf der Galizier: »Ich hab sie ...«

Ergänzt der Rumäne:
»... gehabt.«

Zwei Israelis unterhalten sich.
»Wenn die Araber früher mit dem Boykott angefangen hätten, dann wäre alles besser für uns verlaufen.«
»Wieso?«
»Also schau, wenn die vor ein paar tausend Jahren mit dem Boykott angefangen hätten, dann hätten die Ismaeliten den Josef nicht gekauft, und wir wären überhaupt nicht nach Ägypten gekommen. Wenn wir nicht in Ägypten gewesen wären, dann hätten wir nicht nach Israel auswandern müssen. Und wenn wir nicht in Israel gewesen wären, dann hätte man uns nicht in die Diaspora vertrieben. Und nun müssen wir wieder ganz von vorn anfangen ...«

Die deutschen Juden werden in Israel »Jekes« genannt. Sie haben als Kaufleute keinen sehr guten Ruf; denn sie besitzen einfach keine Begabung zum Handeln.
Ein »Jeke«, der sich zum Landwirt umgeschult hat, entschloß sich, seine Kuh, die keine Milch mehr gab, zu verkaufen. Er bringt das Tier zum Markt in Tel Aviv. Als er so mit der Kuh dasteht, kommt ein Händler:
»Wollen Sie die Kuh verkaufen? Wieviel Milch gibt sie denn am Tag?«
»Das ist es ja eben«, bedauert der Jeke, »ich will sie verkaufen, weil sie keine Milch mehr gibt.«
»Wieviel wiegt sie?«
»285 und ein halbes Kilo.«
»Was wollen Sie für die Kuh?«
»Ich glaube, ich müßte schon so um die dreihundert Pfund dafür bekommen.«
»Viel zu viel«, sagt der Händler und geht.
Die Szene beobachtet ein Jude aus Galizien. Er spricht den Jeken an:

»Du ›jekischer‹ Kopf, so wirst du deine Kuh nie los. Wenn du einverstanden bist und mir 10 Prozent gibst, will ich das Tier günstig für dich verkaufen.«

Der deutsche Jude ist einverstanden, und nun bringt der Galizier die Kuh an eine andere Stelle des Marktes und fängt an zu schreien: »Hier, die beste Kuh der Welt, ein Prachtstück, Weltrekordlerin im Milchgeben! Wer kauft diese preisgekrönte Kuh, eine echte Holländerin!«

Da drängen sich die Händler. Ein Bauer fragt: »Wieviel willst du für die Kuh?«

»Schau sie dir nur an, das Prachtvieh kostet nicht mehr und nicht weniger als 800 Pfund.«

»Ich kann 600 bezahlen!« sagt der Bauer.

Aber schon bietet ein anderer Händler 650, dann jemand 700. Da sagt der Galizier:

»Gib noch 50 drauf, und sie gehört dir.«

Da aber fährt der Jeke dazwischen:

»Einen Moment bitte, die Kuh wird nicht verkauft. So ein Prachtstück behalte ich selbst.«

Warum kam es nicht zu Friedensgesprächen zwischen Ägypten und Israel, als Golda Meir noch Ministerpräsidentin war? Weil Nasser so erschrak, als sie sagte. »Make love, not war.«

Als es zu Friedensgesprächen zwischen Ägypten und Israel nach dem Yom Kippur Krieg kam, schlugen die Israelis vor, nach alter Sitte einen Kampf zwischen zwei Hunden zu arrangieren. Das Land, dessen Hund gewinnt, sollte dann die Bedingungen für den Waffenstillstand stellen. Die Ägypter baten um 24 Stunden Bedenkzeit. Sofort rief Sadat Breschnew in Moskau an und forderte einen Kampfhund an. Als Breschnew auf dem schnellsten Wege eine Riesendogge in einem Sonderflugzeug nach Kairo fliegen ließ, stimmten die Ägypter dem israelischen Vorschlag zu.

Nun kam der Tag des Kampfes. Die Ägypter bringen die gewaltige Dogge, die Israelis einen Basset, der zwar ein bißchen länger als üblich, aber im Vergleich zu dem sowjetischen Riesen ein Zwerg ist. Die Ägypter sind beruhigt und sicher, daß ihr Hund gewinnt. Nun werden die beiden Tiere aufeinander losgelassen. Man sieht eine Staubwolke, und – die Dogge liegt zerfleischt am Boden. Die Ägypter sind fassungslos: Wie konnte das geschehen?
Auf der israelischen Seite aber flüstert Dayan seinen Kollegen ins Ohr:
»Die plastische Operation des Krokodils war zwar teuer, aber sie hat sich gelohnt.«

Ein Emigrant kommt aus der Sowjetunion nach Israel. Im ersten Halbjahr schimpft er auf die Sowjetunion, im zweiten Halbjahr auf die israelische Regierung, und im dritten Halbjahr schimpft er auf die neuen Emigranten aus der Sowjetunion.

VI. Jüdische Typen

Schneider

Die Geschäfte gehen schlecht, sehr schlecht, und Schneider Rosenberg sagt voller Kummer zu seinem Partner:
»Nur der Messias kann uns noch helfen.«
»Wieso?« fragt der Partner.
»Ganz einfach. Wenn der Messias kommt, so wird er alle verstorbenen Menschen wieder ins Leben zurückrufen, alle, die jemals gelebt haben. Nu, und alle diese Menschen werden doch Kleider brauchen.«
»Ja, aber wenn du bedenkst, wie viele Schneider darunter sein werden.«
»Na und? Glaubst du, das die auch die heutige Mode kennen?«

Ein Kunde hat bei einem jüdischen Schneider ein paar Hosen bestellt. Es dauert aber sechs Wochen, bis die Hosen endlich fertig sind. Der Kunde, verärgert über die lange Wartezeit, sagt zum Schneider:
»Euer Gott brauchte sechs Tage, um die ganze Welt zu schaffen, und Sie brauchen sechs Wochen, um ein paar lumpige Hosen zu machen?«
Darauf der Schneider:
»Bitte, schauen Sie, wie sieht die Welt aus und wie meine Hosen!«

Die große französische Armee war auf dem Rückzug aus Rußland. Eines Tages, als die russischen Soldaten dem flüchtigen Kaiser direkt auf den Fersen waren, suchte Napoleon in der Wohnung eines armen jüdischen Schneiders Schutz. Mit belegter Stimme bat er:
»Die Russen sind hinter mir her. Verstecke mich, sonst werde ich erschossen.«

Der Schneider wußte zwar nicht, wer der Mann war, aber er versteckte ihn in seinem Bett und deckte ihn mit Decken und Kissen zu. Kurze Zeit darauf kamen zwei russische Soldaten ins Haus.
»Hat sich hier jemand versteckt?« fragten sie.
»Wer wäre so dumm, bei einem armen Schneider Zuflucht zu suchen?« antwortete der Schneider.
Die Soldaten durchstöberten alle Ecken, schlugen auch ein paar Mal mit den Karabinern auf das Bett, in dem Napoleon lag. Aber sie fanden niemanden und verließen das Haus.
Napoleon kroch, schneeweiß im Gesicht, aus dem Bett heraus. Als er sich nach einer Weile beruhigt hatte, sagte er zum Schneider:
»Lieber, guter Freund, ich bin Kaiser Napoleon, und weil du mir das Leben gerettet hast, will ich dir drei Wünsche erfüllen, was es auch immer sein mag.«
Der Schneider überlegte eine Weile und sagte:
»Sire, was will ich mir wünschen? Seit zwei Jahren ist das Dach meiner Kate beschädigt, der Regen tropft durch die Löcher, und ich habe kein Geld, um es ausbessern zu lassen. Majestät, wenn Sie es schaffen könnten, daß mein Dach repariert wird, so würde ich sehr dankbar sein.«
»Was für ein Trottel Sie sind«, rief Napoleon. »Ist das ein Wunsch an einen Kaiser? Aber gut, dein Dach soll sofort repariert werden. Nun sag, was ist dein nächster Wunsch?«
Der Schneider dachte nach, plötzlich erhellte sich sein Gesicht:
»Majestät, vor einigen Monaten kam ein anderer Schneider hierher und eröffnete genau gegenüber von mir seine Werkstatt. Diese Konkurrenz ruiniert mich. Sire, wenn das nicht zu schwierig ist, so bitte ich Sie, meinen Konkurrenten zu vertreiben.«
Napoleon lachte:
»Du bist wirklich ausgesprochen dumm, aber gut, ich schicke deinen Konkurrenten zum Teufel. Nun aber überleg dir deinen letzten Wunsch gut.«
Der Schneider dachte nach und dachte nach:
»Sire, ich möchte gern wissen: Was haben Sie gefühlt, als Sie in

meinem Bett lagen und die russischen Soldaten mit ihren Bajonetten in das Oberbett stachen?«
Da wurde Napoleon wütend:
»Das ist eine Frechheit, einem Kaiser eine solche Frage zu stellen. Du wirst erschossen.«
Als die französischen Soldaten erschienen, wurde der Schneider gefesselt und in eine Kammer gesperrt. Die ganze Nacht betete er. In der Morgendämmerung kamen die Soldaten, führten ihn aufs Feld und banden ihn an einen Baum. Der Schneider sah entsetzt zu, wie das Exekutionskommando die Gewehre anlegte. Der Offizier gab das Kommando: eins, zwei ... Plötzlich ruft jemand laut: Halt! Es ist ein Adjutant des Kaisers, der in wildem Galopp angeritten kommt. Er bringt den Befehl, den Schneider nicht zu erschießen. Dann beugt er sich vom Pferd herunter zu dem Schneider:
»Der Kaiser schenkt dir dein Leben und schickt dir diesen Brief.«
Der Schneider atmet auf, und nachdem ihm die Soldaten die Fesseln abgenommen haben, liest er den Brief, der folgenden Wortlaut hat:
»Du wolltest wissen, was ich unter deinem Bett in deinem Haus gefühlt habe, als die Russen kamen. Nun weißt du es.«

Der arme Flickschneider Itsche Abramsohn kam am Sabbat in einem zerrissenen Rock in die Synagoge. Der Vorsteher der Gemeinde schnauzte ihn an:
»Schämen Sie sich nicht, in einem zerlumpten Anzug am Sabbat zum Gottesdienst in die Synagoge zu kommen? Und dabei sind Sie doch Schneider und können sich Ihre Lumpen selbst ausbessern!«
»Sehen Sie, ich bin ein sehr armer Mensch, ich muß für meine Kundschaft Tag und Nacht arbeiten, um ein paar Zloty zu verdienen, die auch für die Ernährung meiner Familie nicht ausreichen. Wie kann ich noch Zeit finden, um meine Kleider zu flikken?«
»Na gut«, sagte der Vorsteher, »kommen Sie morgen zu mir und ich bezahle Ihnen 5 Zloty, damit Sie Ihre Kleider ausbessern. Also

werden Sie für diese Arbeit einen gerechten Lohn bekommen, so als ob Sie für einen Kunden arbeiten.«
Aber am nächsten Sabbat erscheint Itsche Abramsohn in denselben zerlumpten und zerrissenen Kleidern. Der Vorsteher der Gemeinde schreit ihn an:
»Ich habe Ihnen doch 5 Zloty bezahlt, damit Sie Ihre Kleider flikken und nicht in diesem Zustand herumlaufen.«
»Herr Vorsteher, für die dreckigen 5 Zloty lohnt es sich nicht, die Arbeit zu machen.«

Heiratsvermittler

Der Schadchen* schlägt einem jungen Mann eine Heiratskandidatin vor. Dieser aber kennt die Kandidatin und ruft empört:
»Sie meinen das wohl nicht im Ernst! Die ist doch halb blind!«
»Na und? Ist dies etwa eine schlechte Eigenschaft? Du wirst tun und lassen können, was du willst, und sie wird es nicht sehen.«
»Sie ist doch aber auch stumm.«
»Na und? Das ist doch ein Glück, so wird sie nicht schimpfen und auch nicht streiten können.«
»Aber sie hinkt doch noch dazu.«
»Na und, da wird sie dir nicht nachlaufen können.«
»Aber haben Sie ihr pickliges Gesicht nicht gesehen?«
»Na, was willst du, soll sie lauter Tugenden haben?«

Der Schadchen hat einem jungen Mann ein schönes Mädchen zum Heiraten vermittelt. Der junge Mann lud die zukünftige Braut ins Theater ein. Am nächsten Tag fragten ihn seine Freunde, die von seinen Heiratsplänen nichts wußten: »Mit wem warst du denn gestern im Theater?«
»Mit meiner Braut«, antwortete er stolz.

* Schadchen= Heiratsvermittler.

»Mensch«, rufen darauf seine Freunde, »du bist wohl verrückt! Weißt du nicht, daß die halbe Stadt mit ihr geschlafen hat?«
Der junge Mann rennt zum Schadchen und schnauzt ihn empört an:
»Wen haben Sie mir da als Braut angeboten, mit ihr hat doch die halbe Stadt geschlafen!«
»Auch a Stadt: keine siebentausend Einwohner.«

Der Schadchen bietet einem jungen Mann ein Mädchen an. Dieser fragt:
»Wieviel Mitgift hat sie?«
»Hundert Rubel für jedes Lebensjahr.«
»Und wie alt ist sie?«
»Zwanzig Jahre.«
»Na, da ist sie zu jung für mich.«

Ein junger Mann sollte ein Mädchen aus der Provinz heiraten. Da er über die Braut nichts Näheres wußte, beauftragte er seinen Freund, in die Heimatstadt des Mädchens zu fahren und dort Erkundigungen über sie und ihre Familie einzuholen. Nach zwei Tagen bekommt der Bräutigam ein Telegramm von seinem Freund mit folgendem Text:
»Dreyfuß-Affäre.«
Da er den Sinn nicht versteht, wartet er geduldig auf die Rückkeh seines Freundes. Als er endlich zurückkommt, fragt er ihn:
»Was sollte das Telegramm bedeuten?«
»Ganz einfach, ihre Familie behauptet, sie sei unschuldig, die örtliche Garnison behauptet aber das Gegenteil.«

»Junger Mann«, sagt der Schadchen, »ich habe für Sie so viele Kandidatinnen zur Auswahl, wie Sie nur wollen. Kluge und dumme, reiche und schöne. Na, soll ich Ihnen die Mädchen vorstellen?«

»Aber wissen Sie«, antwortet der junge Mann, »ich möchte aus Liebe heiraten.«
»Aus Liebe, solche habe ich auch.«

Der Schadchen hat schon beinahe die Verlobung zustande gebracht, nun aber stellt der junge Mann die Bedingung, erst noch die Kandidatin nackt zu sehen, da er gehört hat, daß sie angeblich an einer Hautkrankheit leide. Die Familie des Mädchens ist entsetzt, aber was soll man tun. Die ganze Stadt weiß schon von der bevorstehenden Verlobung. Also, wohl oder übel wird ihm der Wunsch erfüllt, er darf das Mädchen durch die halbgeöffnete Tür als unbekleidete Eva ansehen.
Darauf fragt der Heiratsvermittler:
»Na, jetzt haben Sie das Mädchen nackt gesehen, sind Sie nun zufrieden?«
»Ihre Figur ist ja ganz schön, aber ihre Nase gefällt mir nicht.«

»Herr Schadchen, ich möchte heiraten. Meine Braut muß schön, reich und gebildet sein und aus gutem Hause kommen.«
»Mein Herr«, antwortet darauf der Schadchen, »davon könnte ich sofort vier Partien machen.«

Der reichste Mann in der Stadt läßt den Schadchen zu sich rufen und sagt:
»Hören Sie, Herr Goldstein, ich weiß, daß Sie ein guter Heiratsvermittler sind. Nun, Sie werden für mich einen geeigneten Schwiegersohn finden. Er muß nicht reich sein, ich bin reich genug, dafür muß er aber hochgebildet sein und aus einer sehr guten Familie stammen.«
»Aber sagen Sie, wieso wollen Sie einen Schwiegersohn, wenn Sie keine Tochter haben?«
»A Tochter hin, a Tochter her, es ist immer gut, einen gebildeten Schwiegersohn aus einer guten Familie zu haben.«

Ein Mann kommt zum Schadchen, um sich zu erkundigen, ob er eine gute Partie für ihn hat. Er nennt ihm seine Vorstellungen von der zukünftigen Braut:
»Sie muß reich, schön und gebildet und aus gutem Hause sein.«
Der Schadchen kennt den Mann als einen Faulenzer, ohne Beruf und Geld. Er blättert in seinem Notizbuch und sagt:
»Na, hier habe ich was für Sie. Zwanzigtausend Zloty Mitgift, Abitur, schön wie die biblische Sulamith, und sie stammt aus einer vornehmen Patriziersippe.«
»Fabelhaft, das ist genau die richtige für mich.«
»Ja, aber sie hat nur einen kleinen Fehler. Von Zeit zu Zeit wird sie ein bißchen meschugge.«
»Geschieht das oft?«
»Oft? Das kann ich nicht sagen, einmal, manchmal zweimal im Jahr, aber man weiß nie so genau, wann.«
»Wenn das so ist, ist es nicht so schlimm. Das macht mir nichts aus. Wann könnten Sie mich mit dem Mädchen bekannt machen?«
»Na ja, eben das ist die Frage. Wir müßten abwarten, bis der meschugge Augenblick kommt, damit sie einen solchen Mann wie Sie überhaupt kennenlernen will.«

Im Postamt einer galizischen Kleinstadt erscheint der Herschl und überreicht dem Schalterbeamten ein Glückwunschtelegramm zu einer Hochzeit in Krakau:
»Ein donnerndes Hoch dem Brautpaar, den Eltern und allen Hochzeitsgästen.«
Der Beamte fragt: »Was heißt das, ›ein donnerndes Hoch‹?«
»Was das heißt? Ein Donner soll reinschlagen in die ganze Hochzeit.«

Ein reicher und frommer jüdischer Kaufmann verhandelt mit seinem künftigen Schwiegersohn:
»Ich gebe meiner Tochter zwanzigtausend Mark Mitgift, und wenn

Sie sich verpflichten, Ihr Geschäft am Sabbat geschlossen zu halten, bin ich bereit, sogar vierzigtausend zu geben.«
»Wissen Sie was«, meint darauf der Bräutigam, »geben Sie mir gleich sechzigtausend, und ich mach das Geschäft überhaupt nicht auf.«

»Wieso vermitteln Sie mir ein lahmes Mädchen als Braut?« fragt der junge Mann den Schadchen.
»Ist das ein Nachteil? Nu, stell dir vor, du heiratest ein Mädchen, das nicht hinkt, und acht Tage nach der Hochzeit fällt sie die Treppe herunter und bricht a Bein. Da hast a Schreck, deine Frau geht ins Spital, wochenlang liegt sie da mit schrecklichen Schmerzen, die Ärzte kosten, die Operation kostet, das Krankenhaus kostet. Und jetzt, und so brauchst du keine Angst zu haben, daß die Frau fällt, daß die Ärzte kosten, die Operation, das Krankenhaus – kurz und gut, du hast schon a fertige Sach'.«

Ein Heiratskandidat hält dem Schadchen vor, daß die angepriesene Braut, die eine Gastwirtschaft besitzt, taub sei. Der Heiratsvermittler widerlegt den Einwand:
»Ist das denn ein Fehler, daß sie hart auf den Ohren ist? Also, stellen Sie sich vor, ein Bauer kommt in die Gastwirtschaft und verlangt ein Viertel Schnaps, nu, da sagt er: ›Riwke, gib mir a Viertel Branntwein.‹ Sie hört nicht. Da sagt er lauter: ›Ich will a Viertel Branntwein.‹ Nu da, sie hört immer noch nicht. Da wird der Bauer wütend, er schreit und schlägt mit der Faust auf die Theke: ›Riwke, der Teufel soll dich holen, gib sofort a Viertel Schnaps.‹ Nu, das hört sie eben dann und bringt die Flasche. Stört es Sie vielleicht, daß der Bauer dreimal schreien muß?«

Ein Schadchen preist einem Heiratskandidaten die Tugend der vorgeschlagenen Braut:

»Sie ist schön, sie ist klug, und eine stattliche Mitgift hat sie auch. Nur hat sie einen kleinen Fehler: Zuweilen gebärt sie etwas schwer.«
Ein alter Schadchen hat einen jungen Gehilfen angestellt. Er gab dem jungen Mann Anweisungen, was bei der Heiratsvermittlung das Wichtigste sei:
»Die Hauptsache ist, die Kandidaten gekonnt vorzustellen. Jede Tugend muß entsprechend übermittelt werden, da soll man auch auf Übertreibungen nicht verzichten. Hast du es verstanden?«
»Jawohl.«
Nun gingen die beiden zu einem reichen Juden, der einen einzigen Sohn im heiratsfähigen Alter hatte. Ehe sie hineingingen, erinnerte der alte Heiratsvermittler seinen jungen Gehilfen an seine Lehren:
»Wenn wir über die Kandidatin sprechen, sei enthusiastisch und habe auch vor Übertreibungen keine Angst.«
Nun waren sie da, und der Schadchen sagte zu dem reichen Kaufmann:
»Ich habe eine gute Partie für Ihren Sohn, etwas Einmaliges. Erstens stammt sie aus einer guten Familie ...«
»Was heißt, eine gute Familie«, ergänzt der Gehilfe, »sie sind eng verwandt mit dem großen Zaddik aus Ger.«
»Außerdem«, sagt der Schadchen, »ist das eine sehr reiche Familie.«
»Was heißt: reich«, fährt der junge Mann dazwischen, »das sind doch mehrfache Millionäre.«
»Außerdem ist das Mädchen sehr schön..., eine Puppe, kann man sagen.«
»Was heißt: Puppe«, sagt der Gehilfe, »das ist eine prachtvolle Schönheit.«
Nun fährt der Schadchen fort, aber er schaut seinen Assistenten voller Zweifel an:
»Nun muß ich Ihnen die Wahrheit sagen, sie hat auch einen ganz kleinen Fehler. Sie hat nämlich eine sehr kleine Warze auf dem Rücken ...«
Da ruft der Assistent:

»Eine kleine Warze, was heißt. klein? Dies ist eine Warze wie ein Buckel.«

Nachdem der junge Mann die angebotene Heiratskandidatin besucht hat, kommt er zum Schadchen:

»Wen haben Sie mir als Braut vorgeschlagen? Sie hinkt doch.«
»Ja, aber nur, wenn sie geht.«

Gastwirte und Kellner

Ein Mann kam in New York in ein jüdisches Restaurant und stellte erstaunt fest, daß alle Kellner Chinesen waren, die fließend jiddisch sprachen. Nach dem Essen suchte der Mann den Gastwirt auf und fragte ihn:

»Wie haben Sie das geschafft, daß die Chinesen jiddisch reden?«
»Nu bitte, nicht so laut«, antwortete der Wirt, »nämlich die wissen es nicht, sie meinen, sie hätten englisch gelernt.«

Ein Gast bestellt in einem jüdischen Restaurant eine gebratene Ente.

»Es tut mir leid«, antwortet der Kellner, »aber wir haben heute keine gebratenen Enten, sondern nur gebratene Gänse.«
»Bitte rufen Sie den Inhaber.«

Der Kellner geht zum Wirt:

»Der Herr dort will Sie sprechen. Er wollte eine Portion Ente da habe ich ihm schon gesagt, daß er nur gebratene Gans haben kann.«
»Was ein Gast wünscht, soll er auch bekommen. Gehen Sie zum Koch und sagen Sie ihm, er soll aus der gebratenen Gans eine schöne Portion gebratene Ente machen.«

»Herr Ober, die Kohlsuppe ist nicht sauer genug.«
»Aber, mein Herr, das ist keine Kohlsuppe, sondern Bouillon.«
»Na ja, für eine Bouillon ist sie sauer genug.«

Der Kellner serviert eine Portion »gefillte Fisch«.
Der Gast riecht daran und sagt:
»Herr Ober, es stinkt.«
Der Kellner entfernt sich zwei Schritte vom Tisch und fragt: »Und jetzt?«

Ein Gast bestellt beim Kellner eine Portion gebratene Gans. Der Ober beugt sich zu ihm und sagt beflissen:
»Bei mir essen Sie heute keine gebratene Gans, bei mir essen Sie heute gebratene Ente.«
Der Gast ist einverstanden. Nun hört er einige Minuten später ein Gespräch am nächsten Tisch:
»Herr Ober, ich bitte, eine Portion gebratene Ente.«
Da sagt der Kellner:
»Bei mir essen Sie heute keine gebratene Ente, heute essen Sie bei mir gebratene Gans.«
Verwundert ruft der erste Gast den Kellner und sagt:
»Erklären Sie mir, wie ist es: ich wollte gebratene Gans, da haben Sie mir Ente empfohlen, der Gast am Nebentisch wollte Ente, da haben Sie ihm Gans empfohlen.«
»Wieso verstehen Sie das nicht? Der Gast will doch immer beraten werden.«

Kaufleute, Händler, Makler

Im Zug von Warschau nach Lublin saßen in einem Abteil zwei Herren. Der eine, ein Herr »in den Jahren«, sah wie ein wohlhabender Kaufmann aus, der andere war ein junger, elegant angezogener Mann. Nach einer Weile fragte dieser:
»Entschuldigen Sie bitte, könnten Sie mir vielleicht sagen, wie spät es ist?«
»Scheren Sie sich zum Teufel«, antwortet der ältere Herr.
»Warum beleidigen Sie mich? Ich habe Sie höflich gefragt, wie

spät es ist. Das ist doch kein Grund, mir so grob zu antworten.«
»Junger Mann, ich bin es gewöhnt, alle Dinge an Ort und Stelle sofort zu erledigen.«
»Aber wieso denn?«
»Sie haben mich gefragt, wie spät es ist. Hätte ich Ihnen die erwartete korrekte Antwort gegeben, dann wäre es zu dem üblichen Gespräch gekommen: das Wetter, die Geschäfte, Politik usw. Nun, eine Sache zieht die andere nach. Du bist Jude, und ich bin Jude. Ich wohne in Lublin, du aber nicht, aber du fährst dorthin. Es hätte dir so gepaßt, daß ich dich zu mir nach Hause einlade. Ich habe eine Tochter, ein junges, schönes Mädchen, und du, junger Mann, bist elegant und intelligent, siehst gut aus. Ihr beide hättet Gefallen aneinander gefunden, dann ein Rendezvous, Liebe, und du

wärst gekommen, um mich um die Hand meiner Tochter zu bitten. Na, und wozu das alles? Darum habe ich dir sofort gesagt, ›scher dich zum Teufel‹, weil ich nicht will, daß meine Tochter einen Mann heiratet, der nicht einmal eine Uhr besitzt.«

In einem Warschauer Kaffeehaus sitzen einige Kaufleute und unterhalten sich über Geschäfte. Ein Straßenhändler kommt hinzu und unterbricht das Gespräch:
»Meine Herren, ich habe Handschuhe, erste Qualität, elegante Krawatten aus reiner Seide und viele andere schöne Sachen.«
Obwohl die Kaufleute kein Interesse zeigen, läßt der Händler nicht locker. Da sagt einer der Kaufleute leise:
»Ich werde ihm einen Denkzettel verabreichen, an den er noch lange denken wird.«
Nun wendet er sich an den Händler:
»Haben Sie Hosenträger, gute Hosenträger meine ich?«
»Hosenträger? Aber natürlich, bessere werden Sie in ganz Warschau nicht finden. Das sind die besten Hosenträger in der ganzen Welt.«
»Wie teuer?«
»Diese Hosenträger – 1 Zloty und fünfzig Groschen.«
Der Kaufmann holt wortlos seine Geldbörse heraus, zählt das verlangte Geld hin und steckt die Hosenträger in seine Tasche. Sofort verschwindet der Händler.
»Na, was war denn das für eine Idee?« fragen seine Gesprächspartner. Du hast doch bezahlt, was er verlangt hat, und wo bleibt der Denkzettel, den er lange nicht vergessen wird?«
»Eben nun, was glaubt ihr, wie lange er sich Vorwürfe machen wird, daß er nicht drei Zloty von mir verlangt hat.«

Ein Händler aus einem kleinen polnischen Nest fährt zum Grossisten nach Lodz. Während des Einkaufs wird der Grossist ins Büro zum Telefon gerufen. Der Händler nutzt die günstige Gelegenheit

und läßt ein Dutzend seidene Strümpfe in seiner Tasche verschwinden.
Als er nach Hause kommt, entdeckt er, daß die gestohlenen Strümpfe prompt mit auf der Rechnung stehen.
»So ein Betrüger«, schimpft er.

Ein Kaufmann war berüchtigt, daß er seine Rechnungen nicht bezahlen konnte. Eines Tages besuchte ihn ein Freund, als er gerade mit einem Händler feilscht.
Später fragt ihn der Freund:
»Abraham, warum hast du den Preis so heruntergehandelt, du kannst doch sowieso nicht bezahlen.«
»Das stimmt, aber er ist ein netter Mensch, ich mag ihn sehr, und so wollte ich, daß er weniger verliert.«

Der Cohn ist verärgert. Er läuft ruhelos durch die Wohnung. Seine Frau fragt ihn nach dem Grund seiner Nervosität.
»Ich bin dem Rabbinowitz zweitausend Zloty schuldig, morgen läuft der Termin ab, und ich habe kein Geld.«
Frau Cohn beruhigt ihren Mann:
»Mach dir keine Sorgen, ich werde das erledigen.«
Sie geht zum Telefon, wählt die Nummer von Rabbinowitz und sagt:
»Herr Rabbinowitz, hier ist die Frau vom Cohn. Mein Mann ist Ihnen zweitausend Zloty schuldig und morgen läuft der Termin ab, ja? Also ich möchte Ihnen nur sagen, daß mein Mann das Geld morgen nicht zurückzahlen kann.«
Nachdem sie den Hörer aufgelegt hat, lächelt sie ihrem Mann zu:
»So, jetzt hat der Rabbinowitz die Sorgen.«

Der Börsenmakler Rosen ist sehr krank, er hat eine Lungenentzündung. Seine besorgte Frau mißt Fieber:

»O weh, 40 Grad, wie wird es weiter laufen?«
Rosen schaut sie an:
»Was heißt: wie? Bei 41 verkaufen.«

Ein Kaufmann sucht einen neuen Buchhalter. Es melden sich mehrere Bewerber. Die Prüfung ist einfach, der Kaufmann stellt nur eine Frage:
»Wieviel ist zwei und zwei?«
Der erste Kandidat:
»Vier.«
Auch die nächsten drei Kandidaten geben die gleiche Antwort. Als letzter stellt sich ein kleiner Mann vor. Als er die Frage hört, antwortet er prompt:
»Nu ja, soviel Sie brauchen, soviel wird es sein.«
Der Kaufmann war zufrieden und stellt ihn ein.

Ein Makler bietet einem Juden ein Haus an der Weichsel an: »Schauen Sie, was für ein schönes Haus das ist. Und wo finden Sie ein solches Haus für so wenig Geld, und sogar so dicht an der Weichsel. Ihre Frau und Ihre Kinder werden nur paar Schritte zum Baden haben ...«
»Na gut«, sagt der Kunde, »und was geschieht, wenn eine Überschwemmung kommt?«
»Was reden Sie. Sehen Sie nur, wie weit es zum Fluß ist.«

Haim Itzigsohn war ein bekannter Börsenmakler. Eines Tages hat er den Hauptgewinn in der Klassenlotterie gewonnen, eine halbe Million Gulden. Nachdem die Nachricht die Stadt erreicht hat, melden sich in seiner Wohnung alle möglichen Makler und Kaufleute. Sie bieten ihm Mietshäuser, Grundstücke, Fabriken usw.
»Juden«, sagt der Itzigsohn, »laßt mich in Ruhe, ich kaufe nichts.«
Da fragen sie:

»Was werden Sie mit dem Geld machen
»Erstens werde ich meine Wechsel abzahlen ...«
»Und der Rest?«
»Den Rest werde ich prolongieren lassen.«

Beim Getreidegroßhändler Goldberg arbeiten zwei junge Leute, Itzig und Mojsche. Itzig ist sehr unzufrieden, da sein Kollege das Doppelte verdient. So beschwert er sich beim Chef und verlangt eine Gehaltserhöhung. Der Chef hört ihm zu und antwortet:
»Itzig, du fragst, warum Mojsche 10 Zloty pro Woche und du nur die Hälfte verdienst. Ich werde dir das erklären. Schau durchs Fenster, da fahren zwei Wagen vorbei. Lauf schnell und frag, was sie in den Säcken haben.«
Der Itzig läuft schnell hinter den beiden Wagen – kommt zurück und berichtet:
»Herr Chef, in den Säcken ist Weizen.«
»Sehr gut, nun lauf noch mal hin und frag, wem der Weizen gehört.«
Die Wagen sind jetzt schon ziemlich weit entfernt, so braucht er eine ganze Zeit, um sie zu erreichen. Müde kommt er zurück und meldet:
»Der Weizen stammt vom Gut des Grafen Potocki.«
»Hervorragend! Nun frag noch, wohin der Transport geht.«
Die Wagen sind kaum noch zu sehen, aber Itzig holt sie schließlich doch noch ein. Schweratmend und total erschöpft kommt er zurück:
»Herr Chef, sie fahren nach Rozwadow.«
»Sehr gut. Nun ruf mal Mojsche her.«
»Mojsche, da sind eben zwei Wagen durchgefahren, erkundige dich mal, was sie geladen haben.«
Mojsche kommt nach einer halben Stunde zurück und berichtet:
»Das sind Wagen mit Weizen vom Gut des Grafen Potocki, sie waren unterwegs nach Rozwadow und sollten zum Getreidehändler Rosenberg. Es sind 150 Zentner à 2 Zloty 50. Ich habe 20 Groschen mehr geboten. In 15 Minuten sind sie mit dem Weizen hier.«

Da wendet sich der Getreidehändler zu Itzig:
»Na, Itzig, jetzt verstehst du schon, weshalb du die Hälfte verdienst?«

Als die Judenverfolgung in Rußland um die Jahrhundertwende auf dem Höhepunkt stand, beschloß der bekannte jüdisch-englische Bankier und Philanthrop Moses Montefiore nach Moskau zu fahren und persönlich bei der Regierung des Zaren zu intervenieren.
Nach seiner Rückkehr unterhalten sich zwei Juden darüber, ein russischer und ein englischer.
»Wieviel hat die Reise des Barons Montefiore gekostet«, fragt der Jude.
»Soviel ich weiß, etwa fünftausend Rubel.«
»Hat er was erreicht?«
»Soviel ich weiß, nichts.«
»Na ja doch. Die Reise war unnötig, hätte er das Geld dem Ministerpräsidenten persönlich geschickt, dann hätte er vielleicht was erreichen können, aber so?«

Ein armer Kaufmann war gestorben. Da er aber eine Lebensversicherung abgeschlossen hatte, bekam seine Frau eine hohe Prämie ausgezahlt.
»Ah, was für ein Unglück das ist«, rief sie weinend, »das ganze Leben waren wir arm, und nun, da der liebe Gott uns so viel Geld gegeben hat, mußte mein Mann sterben.«

Der Kaufmann Rotbaum ruft seinen Geschäftsfreund an:
»Hirschhorn, du hast mir einen Verkäufer empfohlen.«
»Nu, bist du mit ihm nicht zufrieden?«
»Wieso zufrieden, er hat mich bestohlen.«
»Was, dich auch?«

Während einer Geschäftsreise nach Wien kaufte ein reicher Holzhändler aus einem galizischen Städtchen einen Papagei. Unterwegs mußte er aber noch etwas in Lemberg erledigen, deshalb schickt er den Käfig per Post nach Hause. Als er nach einigen Tagen heimkommt und nach dem Vogel fragt, sagt seine Frau:
»Das Tier habe ich schlachten lassen und mir davon ein schönes Mittagessen gemacht.« Wütend schreit der Kaufmann:
»Was fällt dir ein! Das war doch ein Papagei, ein teurer Vogel, der spricht. Ich habe euch allen damit ein schönes Geschenk machen wollen.«
Da sagt die Ehefrau:
»Nu, woher sollte ich wissen, daß er spricht, er hat doch nichts gesagt.«

Rosenblum und Grün sind im Theater – man spielt den »Faust«. Das Gretchen gefällt dem Grün. Er beugt sich zu seinem Freund herüber und flüstert:
»Schau dir die schönen Zöpfe an!«
»Kunststück, Goethe.«

Nach abgeschlossener kaufmännischer Lehre sagt der Chef zum Stift:
»Mojschele, von heut an sind Sie Kommis – aber nich bei mir!«

Der neureiche Kaufmann Edelstein kommt mit seinem Sohn zum Arzt, der feststellt, daß das Kind blutarm ist. Er verordnet Eisen.
»Aber, Herr Doktor«, meint ängstlich der Vater, »wieso Eisen? Sie können dem Kind ruhig Silber oder Gold geben. Für die Gesundheit unseres Kindes ist uns nichts zu teuer.«

Jojne Braude hat einen schlechten Ruf. Seine Lieferanten machen mit ihm nur Bargeschäfte. Eines Tages kauft er Ware für 300 Rubel, kann aber nur 280 Rubel bar bezahlen, den Rest deckt er mit einem Wechsel. Nachdem das Geschäft perfekt ist, sagt Braude:
»Nu, a Geschäft für 300 Rubel haben wir abgeschlossen, da können Sie mir auch a Geschenk machen.«
Der Grossist bietet Braude eine Krawatte an.
»Bei a Geschäft von 300 Rubel wollen Sie mir eine Krawatte schenken, die nicht mal 50 Kopeken wert ist?«
»Na schön«, antwortet der Kaufmann, »Sie sind ein guter Kunde, mach ich Ihnen ein gutes Geschenk.«
Und gibt Braude seinen Wechsel über 20 Rubel. Braude enttäuscht:
»Na, wissen Sie, da nehme ich lieber die Krawatte.«

Ein jüdischer Agent einer Unfallversicherung versucht, einen kleinen Kaufmann zu einem Vertragsabschluß zu überreden: »Also, stellen Sie sich vor, Sie brechen sich ein Bein, dann zahlt Ihnen die Versicherung nicht mehr und nicht weniger als tausend Rubel. Und wenn der liebe Gott es gut mit Ihnen meint und Sie brechen sich beide Beine, dann bekommen Sie ganze zehntausend Rubel. Und wenn Sie Glück haben und sich Beine, Hände und Kopf brechen, dann sind Sie ein gemachter Mann.«

Ein Großhändler kommt zu einem Rohlederfabrikanten. »Haben Sie eppes Leder auf Lager?«
»Ja.«
»Darf ich es sehen?«
»Bitte, schauen Sie sich alles an.«
Der Grossist geht ins Lager, stöbert die Felle durch, rechnet, kalkuliert. Nach zwei Stunden ist er wieder beim Fabrikanten:
»Reb Jud, sagen Sie, was kostet das Leder?«
»Was heißt, was kostet das! Das Leder in dem Lager ist schon verkauft.«

»Warum haben Sie es mich dann ansehen lassen?«
»Schadet es der Ware?«

Weil er seine Ware am billigsten in der ganzen Stadt verkauft, ist ein Kaufmann plötzlich populär geworden. Eines Tages besucht ihn sein Schwager, und nachdem er das Geschäft eine Weile beobachtet hat, meint er:
»Sag, wie kannst so was machen? Ein Tuch, das dich eine Mark kostet, verkaufst du für neunzig Pfennige, ein Kleid, für das du zehn Mark bezahlst, verkaufst du für neun Mark. Wo soll das hinführen?«
»Eselskopf«, sagt der Kaufmann, »die Masse muß es bringen.«

Ein jüdischer Händler war wegen Störung der Sonntagsruhe angezeigt worden. Bei der Gerichtsverhandlung leugnet er glattweg, am Sonntag etwas verkauft zu haben. Darauf der Richter:
»Na gut, vielleicht haben Sie nicht direkt verkauft, aber Sie haben sicher mit der Kundin ein bißchen übers Wetter gesprochen, vom bevorstehenden Winter, von drohender Erkältung. Schließlich haben Sie der Frau gesagt, Sie würden ihr die Bitte nicht abschlagen, ihr drei Paar wollene Strümpfe zu leihen, sie könnte Ihnen diese ja morgen abkaufen.«
Der Kaufmann lächelt und meint verschmitzt:
»So war es nicht, Herr Richter, aber Ihre Idee ist auch nicht schlecht. Man könnte es bestimmt das nächste Mal so machen.«

Ein jüdischer Lehrling soll am Freitag nachmittags einen größeren Geldbetrag auf der Post einzahlen. Der Sabbat naht und der Stift kommt nicht zurück. Sein Chef, Itzik Grünberg, schickt den Buchhalter zur Post. Aber weder dort noch im Elternhaus des Lehrlings findet sich eine Spur von dem Jungen. Der Buchhalter rät dem Chef, die Polizei einzuschalten. Darauf Grünberg:

»Warum die Polizei?«
»Weil er morgen schon über alle Berge ist«, antwortet der Buchhalter.
»Unsinn«, sagt Grünberg, »fliegen kann er nicht und in den Schabas rein wird er doch nicht fahren.«

Der steinreiche Herschowitz ist gerade 90 Jahre alt geworden. Er ist kerngesund und noch sehr aktiv.
Ein Bekannter fragt ihn:
»Wie schaffen Sie es in Ihrem Alter, so rüstig und vital zu sein?«
»Ich habe sehr geduldige Erben.«

Ein junger Habenichts hält um die Hand der Tochter eines reichen Bankiers an. Empört weist ihn der Nabob zurück:
»Wie können Sie es überhaupt wagen, um die Hand meiner Tochter zu bitten, wenn Sie weder einen Beruf, noch ein Geschäft, noch irgendeinen Posten haben?«
»Ja, ja«, sagt der junge Mann, aber ich habe Aussichten.«
»Wenn Sie Aussichten haben, da brauchen Sie nicht meine Tochter. Nehmen Sie sich einen Feldstecher!«

Während der großen Feiertage will ein ärmlich angezogener Jude in die große Synagoge. Der Schames fragt ihn am Eingang nach der Eintrittskarte.
»Ich habe keine, aber ich habe eine wichtige geschäftliche Nachricht für den Fabrikanten Kohn.«
Da lacht der Schames:
»Du Ganef, du hast gar kein Geschäft für den Fabrikanten Kohn, du willst drinnen einfach nur beten.«

Die Reichen und die Armen

Zwei Juden besuchen den jüdischen Friedhof in Frankfurt am Main. Sie halten am Grab des Gründers der Rothschild-Dynastie – Anschel Rothschild. Sie bewundern den prachtvollen Grabstein aus Marmor, da sagt der eine:
»Schau, das nennt sich leben!«

Jahrelang hat der Baron Rothschild den zwei Brüdern aus einer guten, aber verarmten Familie je 100 Mark ausgezahlt. Eines Tages starb der eine, nun als der Bruder zur Kasse kam, wurden ihm nur 100 Mark ausgezahlt. Der Bruder protestierte:
»Warum geben Sie mir nur 100 Mark? Ich bekomme doch 100 und mein Bruder auch 100 Mark.«
»Ihr Bruder ist gestorben, sagte der Kassierer, so bekommen Sie nur 100 Mark.«
»Entschuldigen Sie bitte, ich möchte Sie fragen, wer ist eigentlich der Erbe meines Bruders, ich oder Herr Baron Rothschild?«

Bei der Beerdigung des örtlichen Nabobs in einem polnischen Städtchen sammelte sich eine Menge Menschen. Darunter stand ein Unbekannter, der sehr ärmlich angezogen war, und weinte sehr laut. Sein Nachbar fragt ihn:
»Sind Sie ein naher Verwandter des Verstorbenen?«
»Nein, ich bin überhaupt kein Verwandter.«
»So, warum weinen Sie denn?«
»Eben darum.«

Ein reicher Jude liegt am Sterbebett. Die Frau sitzt weinend am Bett und hört die letzten Anweisungen des Sterbenden über die Vermögensteilung. »Die Fabrik soll Henoch übernehmen, unser ältester Sohn ...«

»Aber, lieber Mann, wieso die Fabrik dem Henoch. Er hat doch überhaupt keinen Geschäftssinn. Er wird doch unser Vermögen ruinieren. Es wäre besser, wenn die Fabrik der Nathan übernimmt, er versteht doch viel von Geschäften.«
»Na gut, soll es so sein, wie du willst.«
»Das große Mietshaus soll die Rahle bekommen, unsere älteste Tochter ...«
»Aber wie kannst du so was machen? Hat denn ihr Mann nicht genug Mietshäuser? Besser gib das große Haus für die Regina, ihr Mann ist ein Intellektueller und er verdient kaum was ...«
»Na gut, soll es sein, wie du es willst, das fließende Geld wird für unseren jüngsten Sohn Jonas sein ...«
»Aber, warum das Geld für Jonas?«
»Hör mal auf, zum Teufel, vielleicht sagst du mir endlich, wer hier stirbt, du oder ich?«

Zwei Juden gehen über die Straßen Wiens. Plötzlich fährt eine Kutsche, in der eine Dame mit einem kleinen Jungen sitzt. Der eine sagt zum anderen:
»Schau, so a kleiner Bursch und schon a Rothschild.«

Zum Rabbi kam ein armer Jude. Er mußte sehr lange warten, bis er empfangen wurde. Der Grund dafür war ein Besuch des örtlichen Nabobs. Als der arme Mann endlich zum Rabbi hereinkam, überreicht ihm der Rabbi nach zwei Minuten Gespräch einen Almosen. Da sagt der Jude mit Ärger:
»Rabbi, den Reichen hast du zwei Stunden gewidmet, mir aber nur zwei Minuten ...«
Darauf der Rabbi:
»Ich werde dir es erklären. Bei den reichen Juden habe ich zwei Stunden gebraucht um festzustellen, daß er ein armer Mensch ist, bei dir genügten mir zwei Minuten.«

Der bekannte Wiener Humorist und Literat Saphir bekam regelmäßig von Baron Rothschild Unterstützung, da er von seiner literarischen Arbeit nicht leben konnte. Als er sein Geld abholen kam, sagt der Baron:
»Ah, lieber Saphir, Sie sind, wie ich sehe, gekommen, um Ihr Geld zu holen.«
»Mein Geld, lieber Baron, aber wo? Ich bin gekommen, um Ihr Geld zu holen.«

Ein armer Jude besucht seinen reichen Verwandten.
»Vetter, ein Almosen rettet mich nicht, am besten wäre es, wenn du mir einen Posten in deiner Firma gibst.«
»Na gut, aber was könntest du bei mir in der Firma machen, du hast doch keinen Beruf.«
»Das stimmt, aber man sagt, ich bin ein gescheiter Mann, ich gebe immer allen meinen Bekannten gute Ratschläge ...«
»Das ist eine Idee, vielleicht machen wir eine Probe. Ich brauche nämlich dringend einen guten Ratschlag.«
»Ich stehe dir zur Verfügung, Vetter.«
»Also sag mir, wie soll ich dich sofort loswerden?«

Ein reicher Kaufmann besucht den Rabbi, der ihm sagt:
»Das Geld, mußt du endlich begreifen, gibt kein Glück.«
Darauf der Kaufmann:
»Ah, Rabbi, was weißt du, Geld macht alles ...«
»Das stimmt«, antwortet der Rabbi, »aber alles was Geld für uns macht, ist nichts im Vergleich dazu, was wir alles fürs Geld machen.«

Ein sehr armer Jude kommt zum steinreichen Bankier:
»Lieber Herr, meine Frau ist gelähmt, mein Sohn wurde von den Kosaken erschlagen, meine Tochter ist seit zwei Jahren lungen-

krank, ich habe noch sechs kleine Kinder und zu allem Elend kann ich auch noch keine Arbeit bekommen ...«
Der Bankier klingelt nach dem Lakai und sagt:
»Schmeißen Sie den Mann sofort hinaus, er zerbricht mit seinem Schicksal noch mein Herz.«

Schnorrer

Ein Schnorrer kommt zu einem Bankier und klagt ihm sein Leid:
»Sie können sich nicht vorstellen, wie ich vom Unglück heimgesucht werde. Wo ich geh und steh, verfolgt mich das Unglück wie ein Schatten. Stellen Sie sich vor, ich bin Musiker, und wie das Unglück es will, ich verliere mein Instrument. Wie soll ich jetzt meine Familie, meine fünf Kinder ernähren?«
»Was spielen Sie denn?« fragt der Bankier.
»Waldhorn.«
»Na, diesmal haben Sie aber Glück. Zufälligerweise besitze ich eins, das sollen Sie haben.«
»Nu, wenn das kein Unglück ist, ausgerechnet mußte ich a Waldhorn nennen!«

Zwei Schnorrer treffen sich. Da stöhnt der eine:
»Oh, ist das ein Leben, es wäre besser, man wäre nie geboren worden.«
»Ha, aber wem gelingt das schon, höchstens einem von hunderttausend!«

Ein Schnorrer fragt den anderen:
»Wohin gehst du?«
»Nach Hause, hab meine Krücken vergessen.«

An der Klagemauer stehen zwei Juden, ein armer und ein reicher. Der Reiche betet:
»O Allmächtigster, hilf mir, daß das Geschäft meines Lebens gelingt. Ich baue doch die Villa, und meine Frau will einen neuen Nerzmantel ...«
Der arme Jude daneben:
»O lieber Gott, meine Kinder hungern, ich habe keinen Piaster fürs Brot ...«
Da wendet sich der reiche Jude böse um:
»Lenk ihn mir nicht ab, hier haste a Pfund und verschwinde.

Ein Mann, der eben einem Bettler einen großzügigen Almosen gegeben hatte, sieht mit Staunen, daß dieser in einem vornehmen Restaurant einen üppigen Mayonnaisensalat verzehrt. Er geht an seinen Tisch und schreit ihn an:
»Was soll das, vorhin haben Sie 2 Zloty von mir geschnorrt und nun sitzen Sie hier und essen Mayonnaisensalat?«
»Nanu«, antwortet der Bettler, »als ich kein Geld hatte, konnte ich nicht a Salat essen, jetzt, da ich Geld habe, darf ich auch nicht, wann soll ich denn a Salat essen?«

Ein Schnorrer versuchte mit gefälschten Attesten Almosen zu bekommen. Er wurde entlarvt und zum Rabbi gebracht.
Der Schnorrer beteuert seine Unschuld mit hundert Schwüren:
»An Ort und Stelle soll ich tot umfallen, wenn das alles nicht wahr ist ...«
»Gott behüte«, meinte der Rabbi, »was tu ich mit Ihrer Leiche?«

Ein Jude aus einer Kleinstadt kam nach Warschau, um einen reichen Landsmann zu besuchen. Er wurde von dem Ehepaar herzlich empfangen und eingeladen, ein paar Tage als Gast in ihrem

Hause zu bleiben. Er war begeistert: das Zimmer war schön, das Essen hervorragend, und so vergingen die Tage, und der Gast machte keinerlei Anstalten, wieder nach Hause zu fahren. Nach zwei Wochen wird dem Gastgeber der Besuch zu lästig.
»Sag mal, lieber Freund, denkst du überhaupt nicht an deine Gattin? Du bist doch schon so lange fort von ihr?«
»Wahrhaftig«, sagte der Gast voller Freude, »heute noch schreib ich ihr, sie soll sofort herkommen.«

Mosche kommt zusammen mit Selig Reibeisen in das Kontor eines reichen Kaufmanns, um Geld zu schnorren. Nachdem er eine Gabe erhalten hat und gerade das Zimmer verlassen will, fragt der Kaufmann den Begleiter:
»Und was wünschen Sie noch?«
»Was heißt was? Provision, ich hab ihn doch hierher gebracht.«

Ein Wanderschnorrer erscheint beim Rabbiner und bettelt ihn mit Erfolg an. Danach fragt er:
»Und wo kann ich hier noch hingehen?«
»Nur aufs Durchwandererbüro«, antwortet der Rabbi »sonst werden Sie hier nirgends was bekommen.«
»Was, ich soll aufs Büro? Ich kenne das doch, mehr als eine Mark fünfzig ist da nicht drin. Übernachtung kostet mich 75 Pfennig, ich muß nach Nikel, kostet 60 Pfennig. Das ganze Jahr plagt man sich ab und quält sich nur für die Bahn und das Nachtlager.«

Beim Rabbiner einer deutschen Gemeinde spricht ein Schnorrer aus Galizien vor. Als er sich wegen des etwas karg ausgefallenen Almosens beklagt, schimpft der Rabbi aufgeregt:
»Wer hat Sie hierher gerufen? Warum sind Sie nicht in Ihrer Heimat geblieben?«

»Und Gott sprach zu Abraham«, antwortet der Bettler, »zieh in ein Land, das ich dir zeigen werde.«
»Hat das der liebe Gott etwa zu Ihnen gesagt?«
»Wieso, bin ich denn Abraham?«

Ein armer Jude kommt zum Rabbiner:
»Rabbi, gib mir a Rat, was kann ich anfangen, wenn ich will zu a bissel Geld kommen?«
»Ich geb dir a guten Rat. Nimm a Zentner Wachs und verkauf es pfundweise, a Zloty pro Pfund teurer als die anderen. Und so kommst du zu Geld.«
»Aber Rabbi, woher soll ich Wachs nehmen?«
»Ah so? Ka Wachs haste auch nicht? Nu, dann kann ich dir nicht helfen.«

Jakob Labuschiner war ein König unter den Schnorrern. Trotz seiner Jugend war er zu keiner Arbeit zu bewegen. Er vertrat die Ansicht: ich bin Jude, folglich hat mich die jüdische Gemeinde zu ernähren. Und so schnorrte er jahrelang, und es gab in der Stadt keinen einzigen Juden, bei dem er nicht schon angeklopft hätte. Eines Tages redete ihm ein Herr ins Gewissen:
»Hören Sie, Labuschiner, Sie sind doch ein junger Mensch, Sie können doch unmöglich bis an Ihr Lebensende schnorren. Wenn Sie keinen Beruf erlernt haben, so sollten Sie sich doch wenigstens nach irgendeiner einfachen Tätigkeit umsehen, sagen wir als Kassenbote oder was Ähnliches. Da verdienen Sie doch Ihre 18 Mark die Woche.«
»Was?«, rief Labuschiner, »18 Mark? Da habe ich ja Verlust!«

Ein Schnorrer erscheint bei einem reichen, aber geizigen Juden und bittet ihn um eine Gabe. Darauf der reiche Jude:

»Ich kann Ihnen leider nichts geben, mein eigener Bruder ist bettelarm und liegt mir jeden Tag auf der Tasche.«
»Aber Ihr Bruder hat mir erzählt, daß er von Ihnen, obwohl er Hunger und Not leidet, nicht einen Pfennig bekommt.«
»Na, sehen Sie, wenn ich meinem eigenen Bruder nichts gebe, werd ich Ihnen doch bestimmt erst recht nichts geben.«

Zu einem armen jüdischen Pächter kam eines Abends ein Schnorrer und bat um Obdach. Der Pächter nahm den Bettler so auf, wie es die Thora lehrt. Er gab ihm reichlich zu essen und bereitete ihm ein Bett. Der Schnorrer war sehr zufrieden; morgens äußerte er den Wunsch, noch einen Tag bleiben zu dürfen. Am nächsten Tag war zwar das Essen schon nicht mehr so reichlich, aber der Pächter und seine Frau waren genauso freundlich. So blieb der Schnorrer noch einige Tage. Und obwohl das Essen immer schlechter wurde, zeigte er nicht die geringste Lust, weiterzureisen. Nach einer Woche sagte er schließlich:
»Was soll das, wo bleibt eigentlich die Gastfreundlichkeit? Willst du mich verhungern lassen?«
Der Pächter entschuldigt sich:
»Du mußt das verstehen, wir sind arme Leute und haben dir gegeben, was wir können. Ehrlich gesagt, wenn du noch bis morgen bleibst, haben wir selbst nichts mehr zu essen.«
»O du lieber Gott, das habe ich nicht gewußt. Entschuldige bitte, aber morgen früh verlasse ich euch. Seid so lieb und weckt mich rechtzeitig.«
Kaum begann es am anderen Tag hell zu werden, rief der Pächter:
»Es ist Zeit zum Aufbruch, der Hahn kräht schon.«
»Was«, sagte der Schnorrer voller Freude, »ihr habt noch einen Hahn? Na, da kann ich doch noch einen Tag bleiben.«

Bei dem bekannten Bankier Truskier in Warschau klopft ein Schnorrer an. Als der Diener ihn nicht hereinlassen will, beginnt der Bett-

ler ein lautes Geschrei, so daß der Bankier herauskommt, um nachzusehen, was los ist.
Der Schnorrer:
»Herr Truskier, meine Familie hungert. Ich bitte um eine Unterstützung.«
»Hier hast du zwanzig Rubel. Wenn du nicht solchen Krach gemacht hättest, hätte ich dir das Doppelte gegeben.«
»Herr Bankier«, erwidert der Schnorrer, »Sie sind ein Fachmann der Bankbranche, und ich versuche nicht, Sie zu belehren, wie man Bankgeschäfte macht. Also belehren Sie auch mich nicht, wie man schnorrt.«

Eine Jüdin hatte einen armen Mann zum Sabbatessen eingeladen. Sie stellt die Teller mit den traditionellen Speisen und geschnittenes Brot und Sabbatstuten auf den Tisch. Als sie bemerkt, daß der Bettler nur das Weißbrot, die Chale, nimmt, fragt sie:
»Warum essen Sie nur Chale und kein Brot?«
»Ich bevorzuge eben Chale.«
»Ja, aber Chale ist doch teurer.«
»Nu, ist es denn seinen Preis nicht wert?«

Ein junger Schnorrer kommt in einen Laden:
»Ich bin ein armer Mann, gebt mir einen Almosen.«
»Das ist eine Chuzpe«, ruft der Kaufmann empört, »so ein junger und kräftiger Mann mit gesunden Händen sollte lieber arbeiten als betteln.« Darauf der Schnorrer: »Soll ich mir etwa für die paar Pfennige die Hände abhacken lassen?«

Ein Schnorrer hat eben in einem Gasthaus eine reichliche Mahlzeit verzehrt. Als ihm der Wirt die Rechnung präsentiert, sagt er:
»Warten Sie eine halbe Stunde. Ich gehe auf die Straße und schnorre schnell das Geld.«

»Und welche Garantie habe ich, daß Sie die Zeche auch wirklich bezahlen?«
»Ganz einfach, kommen Sie doch mit.«
»Na so was!« ruft der Gastwirt empört. »Sie verlangen, daß ich mich als angesehener Gastwirt und jedem in der Stadt bekannter Bürger gemeinsam mit einem Bettler auf die Straße stelle? Um nichts in der Welt!«
»Nu, wenn Sie das nicht wollen, dann gehen Sie eben allein. Ich warte hier, bis Sie das Geld zusammen haben.«

Ein Mädchen aus guter Familie hat sich in einen Bettler verliebt.
Der Schnorrer:
»Ich heirate dich nur unter der Bedingung, daß du nach unserer Hochzeit ein Jahr lang mit mir betteln gehst.«
»Aber, das kann ich doch nicht machen«, weinte die junge Frau. »Ich stamme aus angesehener Familie und jeder kennt mich in unserer Stadt.«
»Das macht nichts«, antwortet der Bettler. »Wir schnorren eben dort, so man dich nicht kennt.«
Sie heirateten und zogen von Stadt zu Stadt. Genau nach einem Jahr sagte der Schnorrer zu seiner Frau:
»Nu, es ist vier Uhr, ein Jahr ist vorbei, und wir können jetzt das Betteln für immer aufgeben.«
Darauf die Frau:
»Gut, gut, aber diese Straße bis zur Ecke müssen wir doch noch zu Ende machen.«

Ein reicher Mann tadelt einen Schnorrer:
»Vor einem Monat sind Sie hier gewesen und haben sich als arbeitsloser Künstler ausgegeben. Nun kommen Sie heute als verarmter Kaufmann.«
»Nu, kann man heute von einem Beruf allein leben?«

Die Narren

Zwei Juden unterhalten sich. Der eine stammt aus Warschau, der andere aus dem kleinen Städtchen Berditschow in Ostpolen.
»Bei uns in Berditschow gibt es 2000 Einwohner, davon sind 1960 Juden und der Rest Gojim.«
»Und was machen die Gojim?«
»Das sind Feuerwehrleute und Polizisten. Und wie viele Einwohner hat Warschau?«
»1 Million und 200 000 Einwohner haben wir in Warschau.«
»Und wieviel davon sind Juden?«
»So etwa 300 000. Der Rest, das sind Gojim.«
»Gott, mein Lieber, wozu braucht ihr so viel Feuerwehr und so viel Polizei?«

Der kleine Chaskele war ein Narr. Die Eltern litten zwar sehr darunter, aber schließlich war es ihr Sohn. Eines Tages gab die Mutter dem Chaskele Geld und schickte ihn auf den Markt, ein Huhn zu kaufen.
»Chaskele, paß auf, laß dich nicht betrügen und verlier das Geld nicht.«
Chaskele kam nach vielen Stunden zurück und brachte einen Eimer Wasser mit. Die Mutter fragte entsetzt:
»Chaskele, wo warst du so lange? Und sag, was soll das Wasser, du solltest doch ein Huhn kaufen.«
»Aber Mamma, kein Grund zur Aufregung. Also, ich wollte ein Huhn kaufen. An einem Geflügelstand zeigte mir die Händlerin ein Huhn und sagte: ›Sieh mal, lauter Schmalz.‹ Da dachte ich, Schmalz ist doch besser als ein Huhn, und so ging ich Schmalz kaufen. Der Metzger sagte zu mir: ›Schau dir dieses herrliche Hühnerschmalz an, rein wie Öl.‹ Da dachte ich mir, Öl ist doch besser als Hühnerschmalz, also wollte ich Öl kaufen. Im Laden lobte der Kaufmann seine Ware über den grünen Klee: ›Mein Öl ist rein wie klares Wasser.‹ Nun dachte ich, Wasser ist doch bes-

ser als Öl, und so habe ich Wasser gebracht. Wozu unnötig Geld ausgeben?«

Ein junger Mann, der etwas einfältig war, sollte heiraten. Als zwischen den Eltern der beiden Heiratskandidaten und dem Heiratsvermittler alles besprochen war, sollte sich das Brautpaar zum ersten Mal sehen. Vorher gab der Vater des Bräutigams dem Sohn noch einige Ratschläge:
»Also, beim ersten Treffen mit deiner Braut mußt du einen guten Eindruck machen. Fang das Gespräch am besten mit Liebe an, dann komm zu Familienangelegenheiten und später kannst du ein bißchen philosophieren.«
Der Junge nickte zum Zeichen, daß er alles verstanden hatte, und ging zu seiner Braut. Als die Eltern des Mädchens das junge Paar endlich allein gelassen haben, beginnt er mit der Konversation:
»Hör mal, liebst du Nudeln?«
Das Mädchen sieht ihn verwundert an und sagt:
»Ja, ich mag Nudeln ...«
Der Bräutigam fährt, den Anweisungen des Vaters folgend, fort:
»Sag mir, hast du einen Bruder?«
»Nein, ich habe keinen Bruder.«
Nun kommt er zum dritten Thema:
»Was meinst du, wenn du nun einen Bruder hättest, würde der Nudeln lieben?«

Ein armer Jude hatte ein Pferd. Nun, aber die Zeiten waren schlecht, er verdiente wenig und das Futter kostete viel Geld. So beschloß der Kutscher, seinem Pferd peu a peu das Fressen abzugewöhnen. Jeden Tag gab er seinem Gaul weniger Hafer und Heu, bis er ihm schließlich gar nichts mehr zu fressen gab. Das Pferd wurde magerer und magerer und konnte nur noch mit größter Mühe den Wagen ziehen. Und eines Tages krepiert das Tier. Der Jude jammert: »O mein Pferd, du hattest dir schon so schön das Fressen abgewöhnt, und nun bist du gestorben.«

Ein Jude kommt zum Rabbi:
»Rabbi«, sagt er, »ich weiß, daß ich dumm bin, aber was soll ich dagegen tun? Ich bitte dich, gib mir einen Rat.«
Der Rabbi schaut ihn an:
»Hör mal, mein Sohn, wenn du weißt, daß du dumm bist, bist du bestimmt nicht dumm.«
»Na gut, Rabbi, so erkläre mir, warum sagen die Leute, daß ich dumm bin?«
Der Rabbi denkt eine Weile nach, dann erklärt er:
»Nu, wenn du es nicht verstehst, daß du nicht dumm bist und darauf hörst, was die Leute plappern, so bist du bestimmt dumm.«

Ein Jude kommt zum Rabbi und beschwert sich über die Gemeinderatsmitglieder:
»Rabbi, haben sie das Recht, mich einen Narr zu nennen?«
Der Rabbi hört sich die Beschwerde verständnisvoll an:
»Warum ärgerst du dich über eine solche Kleinigkeit? Glaubst du, daß sich die Dummen von anderen Menschen unterscheiden? Glaub mir, unter den Dummen, die ich kenne, gibt es sehr viele nette Leute. Nu, also warum kann so ein netter und intelligenter Mann wie du kein Dummer sein?«

Ein Jude kommt zum Arzt:
»Doktor, helfen Sie mir, ich höre nicht auf, mit mir selbst zu reden.«
»Haben Sie irgendwelche Schmerzen?«
»Nein.«
»Also, was ist das schon. Millionen Menschen reden mit sich selbst ...«
»Ja, Herr Doktor, aber wenn Sie wüßten, wie langweilig ich bin.«

VII. Die »Weisen«, von Chelm*

Die Juden in Chelm kamen zu ihrem Rabbi und fragten: »Rabbi, warum ist es im Sommer warm und im Winter kalt?« »Ich werde es euch erklären. Ihr wißt doch, daß man im Winter heizen muß. Und wenn die Ofen brennen, wird es warm. Das ist doch klar. Aber nun, was geschieht mit der Wärme? Sie geht doch aus der Stube wieder weg, und es wird wieder kalt. Man muß wieder heizen. Das ist doch klar? Nu, aber wo bleibt die Wärme? Sie geht in die Luft und steigt in die Höhe bis über die Wolken. Dort sammelt sie sich und sammelt sich, es wird immer mehr und mehr, und sie wird schwer und schwerer. Nu, und wenn die Wärme so schwer wird, daß in sich nicht mehr oben halten kann, da kommt sie wieder nach unten. Nu, und es ist wieder warm hier, und dann ist Sommer.«
»Na gut«, sagt einer, »aber warum wird's im Winter kalt?«
»Esel, weil man im Sommer nicht heizt.«
Nun fragten die Juden den Rabbi, woher der Regen kommt. »Der Regen kommt, wie ihr wißt, aus den Wolken. Nu, und was sind die Wolken? Die Wolken sind wie Schwämme, die sich mit Wasser vollgesaugt haben. Sie wandern vom Wind getrieben über den Himmel. Sie kommen von links und sie kommen von rechts, und wenn sie zusammenstoßen, dann ist das so, als ob man einen Schwamm ausdrückt. Und was kommt raus? Wasser. Nu und so kommt der Regen.«
»Rabbi, aber wie kann man das beweisen?«
»Was heißt beweisen? Es regnet doch.«

---

* Siehe Vorwort S. 19.

Auf dem alten Friedhof von Chelm gab es keinen Platz mehr für neue Gräber. So versammelte sich der Gemeinderat um zu beraten, was nun zu tun sei. Man stellte fest, daß ein neuer Friedhof nötig sei. Man wählte einen geeigneten Platz in der Nähe der Stadt neben dem schönen Berg. Aber da tauchte ein weiteres Problem auf, wie groß sollte der Friedhof werden. Die Mitglieder des Gemeinderats hatten eine Idee: Alle Juden, vom Kind bis zum Greis, sollten kommen, alle sollten sich reihenweise hinlegen, und so würde man genau wissen, wieviel Platz nötig sei. Gesagt, getan. Nun bestellte man die Arbeiter, um die Friedhofsmauer zu bauen. Aber einer der Gemeinderäte hatte wieder Bedenken:
»Brüder Juden, wartet mal. Wir haben festgestellt, wieviel Platz wir brauchen für alle Juden, die jetzt in Chelm leben. Für sie haben wir gesorgt. Aber wir haben vergessen, daß neue Juden zur Welt kommen, unsere Kinder und Enkel und deren Kinder. Für die reicht dieser Friedhof nicht aus, weil wir auf der einen Seite den Berg haben, auf der anderen den Wald und auf der dritten den Fluß. Was machen wir?«
So hielt man wieder eine Sitzung des Gemeinderates ab und beriet stundenlang. Dann sagte einer:
»Ich habe eine Idee. Wir werden alle Männer unserer Stadt mobilisieren. Wir machen uns an die Arbeit und verschieben den Berg, dann gibt es auch genug Platz für die zukünftigen Generationen.«
Alle nahmen den Plan mit Begeisterung an. Sämtliche Männer von Chelm meldeten sich. Alle, der Gemeinderat an der Spitze, stießen fleißig gegen den Berg. Sie arbeiteten verbissen, bis sie müde und in Schweiß gebadet waren. Da sagte der Vorsitzende der Gemeinde:
»Juden, es ist heiß, sollen wir nicht unsere Jacken ausziehen?«
Gesagt, getan. Und erleichtert arbeiteten sie in ihren Hemden fleißig weiter.
Zufälligerweise kamen Diebe aus der Nachbarschaft vorbei und bemerkten den unbewachten Haufen Jacken, stahlen die Kleider und verschwanden.
Nach zwei Stunden waren die Männer von der Arbeit todmüde. Der Vorsitzende gab ein Zeichen, eine kleine Pause einzulegen. Als

er sich umdrehte und die Sachen nicht mehr an ihrem Platz sah, rief er:

»Nu, Brüder Juden, schaut nur, wie weit wir schon sind, man sieht nicht einmal mehr unsere Jacken.«

Der Rabbi aus Chelm war mit einem seiner Schüler auf Reisen. Unterwegs übernachteten sie in einer Gastwirtschaft. Da der Schüler am frühen Morgen weiterfahren mußte, bat er den Gastwirt, um 5 Uhr morgens geweckt zu werden. Als er geweckt wird, ist es noch dunkel, er zieht aus Versehen die Kleider des Rabbi an und eilt zum Bahnhof. Dort sieht er im Spiegel den Kaftan seines Lehrers und ruft:

»Oh, dieser Trottel von Wirt! Hat er doch statt mich den Rabbi geweckt.«

Ein Talmudist aus Chelm, der nicht viel Lebenserfahrung hatte, heiratete. Kurz nach der Hochzeit gebar seine Frau ein Kind. So kommt der junge Ehemann zum Rabbi und fragt: »Rabbi, mir scheint die Sache sonderbar. Wir sind erst drei Monate verheiratet, und meine Frau hat schon ein Kind geboren. Wie kann das sein? Man braucht doch neun Monate dazu. Kannst du mir das erklären?«

Der Rabbi lächelt:

»Mein Sohn, du hast keine Ahnung, wie das ist und du kennst offenbar die einfachsten Rechenarten nicht. Gestatte, daß ich dir ein paar Fragen stelle. Also, hast du mit deiner Frau drei Monate zusammengelebt?«

»Ja, Rabbi.«

»Nu, hat sie mit dir drei Monate gelebt?«

»Ja, Rabbi.«

»Nu, habt ihr beide drei Monate zusammengelebt?«

»Ja, Rabbi.«

»Nu, rechne selbst zusammen: drei und drei und drei, wieviel macht das?«

»Neun Monate, Rabbi.«
»Na siehst du, du denkst eben nicht nach, und dann kommst du mit deinen dummen Fragen zu mir.«

»Rabbi«, klagt ein junger Mann, »warum wächst mir eigentlich kein Bart? Mein Vater hat einen schönen langen Bart und bei mir sprießt nur ein bißchen Flaum.«
Der Rabbi denkt nach:
»Nu, vielleicht kommst du nach deiner Mutter.«
Der Jüngling ist begeistert:
»Wie klug unser Rabbi von Chelm ist, meine Mutter hat tatsächlich keinen Bart.«

Die Talmudisten in Chelm diskutierten eines Tages philosophische Probleme. Als sie zu der Frage kamen: was ist wichtiger, die Sonne oder der Mond, wußten sie keine Antwort und gingen zum Rabbi. Der erklärte:
»Die Sache ist einfach. Der Mond ist wichtiger. Er scheint in der Nacht, wenn es dunkel ist, während die Sonne am Tag scheint, wenn es ohnehin hell ist.«

Ein Kaufmann aus Chelm fährt mit seinem Pferdefuhrwerk in das benachbarte Städtchen. Unterwegs begegnet ihm ein Jude, und der fragt ihn:
»Was verkaufst du?«
Der Chelmer beugt sich aus dem Wagen und flüstert ihm ins Ohr:
»Hafer.«
Da fragt der verdutzte Jude:
»Aber warum flüsterst du? Was ist es schon für ein Geheimnis, wenn jemand mit Hafer handelt?«
»Scha, still, nicht so laut, das Pferd könnt es sonst hören.«
In Chelm war ein schreckliches Verbrechen geschehen. Der

Schuhmacher hatte einen Menschen kaltblütig ermordet. Das Gericht verurteilte ihn zum Tode. Darauf fragte ein Chelmer die Richter:
»Na gut, wir werden unseren Schuster hängen. Aber wer soll dann unsere Schuhe flicken? Wir haben doch nur einen Schuster im Ort.«
Alle Versammelten gaben dem Mann recht. Das Gericht beschloß, die Sache nochmals zu behandeln und zog sich zur Beratung zurück. Danach verkündeten die Richter: »Die Juden aus Chelm haben recht. In Abänderung des Urteils stellen wir fest, daß wir nur einen Schuster, aber zwei Schneider haben. Somit haben wir beschlossen, einen Schneider zu hängen.«

Zwei Chelmer Juden streiten sich über philosophische Probleme.
»Wenn du schon so klug bist, so erkläre mir doch bitte, warum ein Butterbrot, wenn es auf die Erde fällt, immer auf der geschmierten Seite landet?«
Darauf der andere:
»Theorie muß immer durch die Praxis bewiesen werden. Wir werden ein Experiment machen.«
Er schneidet ein Stück Brot, schmiert Butter darauf und wirft es auf den Fußboden. Das Brot fällt auf die trockene Seite.
»Nu, wo bleibt deine Theorie?«
»Du meinst wohl, du könntest mich auf den Arm nehmen! Du hast bestimmt die Butter auf die falsche Seite geschmiert.«

Ein Chelmer Jude will ein Pferd kaufen. Der Händler zeigt ihm ein schönes Tier:
»Nehmen Sie diese Stute, sie ist schnell wie der Wind. Denken Sie, wenn Sie morgens um 3 Uhr in Chelm losreiten, sind Sie schon um sechs Uhr in Lublin.«
Der Chelmer macht ein unzufriedenes Gesicht:
»Nein, das ist nichts für mich. Was soll ich denn um sechs Uhr morgens in Lublin?«

Zwei Chelmer unterhalten sich über Geschäfte:
»Sag mir, wovon lebt eigentlich die Post? Die Ämter, die vielen Beamten, der Transport der Briefe und Pakete müssen doch viel Geld verschlingen, und die Post verdient doch bei Briefmarken überhaupt nichts. Eine Briefmarke für 5 Kopeken kostet 5 Kopeken, für 10 kostet sie 10.«
»Wieso verstehst du das nicht? Bei Marken verdient die Post zwar nicht, aber wenn du einen Brief mit einer 5 Kopeken-Marke frankierst, hat er dann immer 20 Gramm? Nein, einmal wiegt er 10 Gramm und manchmal sogar noch weniger. Und davon, siehst du, lebt die Post.«

Die Frau des Chelmer Nabob bringt aufgeregt eine Nachricht nach Hause:
»Der Messias kommt, und alle sagen, er ist nicht mehr weit entfernt von Chelm.«
Der reiche Mann macht ein böses Gesicht:
»Ausgerechnet jetzt muß der Messias erscheinen, wo wir gerade unser neues Haus gebaut haben, wo unsere Geschäfte so gut gehen wie noch nie. Nun müssen wir alles zurücklassen und dem Messias folgen.«
Da tröstet ihn die Frau:
»Mach dir keine Sorgen, denk nach, was unser Volk schon alles ausgehalten hat: die Verfolgung von Pharao in Ägypten, das Exil in Babylon und die zweitausend Jahre Diaspora und die Pogrome. Glaub mir, wenn wir das alles mit Hilfe vom lieben Gott durchgestanden haben, werden wir auch den Messias überleben.«

Ein Skandal in Chelm: man hatte den Opferstock für die Armen gestohlen. Der Dieb wurde nicht gefaßt. Wie aber sollte man zünftig die Büchse sichern? Der Gemeinderat trat zusammen, man debattierte stundenlang. Endlich beschloß man, den Behälter unter die Decke aufzuhängen, von dort könnte niemand das Geld stehlen. Am nächsten Tag meldete der Synagogendiener, daß der Opferstock nun zwar sicher hänge, aber für Spender unerreichbar sei. Darauf versammelte sich der Gemeinderat wieder und man beschloß, die Büchse unter der Decke hängen zu lassen, aber eine Leiter für die Spender daneben zu stellen.

Rubinstein bekommt plötzlich auf der Straße einen Herzschlag und stirbt. Wie soll man diese schlimme Nachricht der armen Frau Rubinstein beibringen? Der Rabbi ruft den Schames und beauftragt ihn mit dieser heiklen Mission:
»Du wirst es ihr sagen, aber bitte diplomatisch.«
Der Schames klopft an Rubinsteins Tür, und als die Frau ihm öffnet, fragt er:
»Wohnt hier die Witwe Rubinstein?«
»Ich bin Frau Rubinstein, aber keine Witwe.«
»Nu, wollen wir wetten?«

Ein Chelmer Jude geht mit einem Schirm unter dem Am durch den Regen. Ein Bekannter fragt ihn:
»Warum machst du deinen Schirm nicht auf?«
»Es nützt nichts, er hat zu viel Löcher.«
»Warum hast du ihn denn mitgenommen?«
»Weil ich wußte, daß es regnen wird.«

»Ich verstehe nicht, warum der Zar von mir, einem armen Juden, die paar Rubel Steuern nimmt. Er kann doch soviel Rubel machen lassen wie er braucht.«
»Das verstehst du nicht? Dann werde ich es dir erklären«, meint sein Freund Mosche. »Nehmen wir einen Juden zum Beispiel. Wenn ein Jude eine gute Tat begeht, so wird in diesem Moment im Himmel ein Engel geschaffen. Nu, man könnte fragen, wozu braucht der liebe Gott die gute Tat eines Juden, um einen neuen Engel zu

schaffen? Er kann doch so viele Engel haben, wie er will. Die Antwort ist klar, der liebe Gott bevorzugt eben einen Engel, der durch eine gute Tat geschaffen wurde, er liebt deinen Engel. Und so ist es auch mit den Steuern. Der Zar kann natürlich soviel Rubel machen, wie er will, aber er liebt deine Rubel.«

Zwei Weise von Chelm streiten, ob der Mensch von unten oder von oben wächst.
»Das ist doch kein Problem! Jedes Kind weiß es, natürlich von unten.«
»Kannst du das beweisen?«
»Einfach, ich habe vor einiger Zeit Hosen gekauft, sie reichten bis auf die Erde. Heute, nach ein paar Jahren, gehen sie nicht mal mehr bis zu den Knöcheln.«
»Das ist doch kein Beweis. Jeder kann sich überzeugen, daß der Mensch von oben wächst. Erst gestern bin ich einer Abteilung Soldaten begegnet, wie sie auf der Straße marschiert sind. Jeder konnte sehen, daß sie unten gleich lang sind, sie machten alle gleich große Schritte. Aber oben, die Köpfe, der Höhenunterschied war nur an den Köpfen zu sehen.«

Der Melamed* aus Chelm gibt an:
»Wenn ich Rothschild wäre, dann hätte ich mehr Geld als er.«
»Wieso?«
»Ich hätte mir mit Religionsunterricht noch etwas dazuverdient.«

Ein Schnorrer kommt zu einer Chelmer Jüdin und bittet um eine kleine Gabe.
»Ich habe leider kein Geld, aber wollen sie vielleicht ein paar Nudeln vom letzten Abendbrot?«

---

* Melamed, siehe S. 200.

»Ja«, sagt der Bettler.
»Dann kommen sie bitte morgen wieder.«

Die Chelmer waren wegen ihrer dunklen Straßen besorgt, deshalb schlug einer der Gemeinderäte vor:
»Die Straßen sind doch, wenn der Mond leuchtet, hell. Wir müssen aber abwarten, bis eine Vollmondnacht kommt, dann werden wir den Mond einfach einfangen, und wenn eine dunkle Nacht kommt, haben wir eine richtige Beleuchtung.«
»Na gut«, meinten die anderen, »aber wie fangen wir den Mond?«
»Ganz einfach, wir nehmen ein Faß mit Wasser, wenn der Mond reinscheint, werden wir es schnell zudecken und haben den Mond im Faß.«
So taten sie es auch und verriegelten die Tonne mit dem kostbaren Inhalt im Keller des Gemeindehauses. Als die erste mondlose Nacht kommt, versammeln sich die Räte und schleppen das Faß auf die Straße.
Der Vorsitzende der Gemeinde öffnet den Deckel und jammert enttäuscht: »Brüder Juden, jemand hat unsern Mond gestohlen!«

In Chelm wird eine Badeanstalt gebaut. Beim Fußbodenlegen streiten sich die Gemeinderäte, ob man gehobelte oder rohe Bretter verwenden sollte. Die einen halten die rohen Bretter wegen der Splitter gefährlich, die anderen behaupten, daß man auf gehobelten Bretter wegen ihrer Glätte leicht ausrutschen könne. Der Rabbi soll entscheiden. Er denkt nach, streicht seinen Bart und findet eine Kompromißlösung:
»Am besten, man hobelt die Bretter von einer Seite. Und damit auch die anderen zufrieden sind, sollte die glatte Seite beim Verlegen unten sein.«

Der Rabbi von Chelm besucht das örtliche Gefängnis. Ein Häftling klagt, daß er hier unschuldig sitze. Daraufhin empfiehlt der

Rabbi, zwei Gefängnisse zu bauen, eines für die Schuldigen, das andere für die Unschuldigen.

Ein Jude aus Chelm ist auf einer Reise. Da er befürchtet, wie sooft schon, etwas in der Pension zu vergessen, schreibt er abends auf einem Zettel, wo er alles hingelegt hat: ›Hose aufm Stuhl, Schuhe unterm Stuhl, Koffer unterm Tisch, Hemd auf dem Tisch.‹ Und dann schließlich: ›Ich im Bett.‹
Morgens steht er auf, nimmt seinen Zettel und sammelt seine Sachen ein. Alles stimmt. Dann kommt er zum letzten Punkt ›Ich im Bett‹. Er schaut sich um, aber niemand ist im Bett. Er denkt nach: ›Nu, wo kann ich nur sein? Vielleicht bin ich aus dem Bett gefallen und liege nun darunter.‹ Er kriecht also unter die Matratze und stellt erfreut fest: »Tatsächlich, ich bin da.«

Melameds*

Ein Melamed hatte, anstatt die Kinder zu lehren, Schnaps getrunken. Als sich das herumgesprochen hatte, verlor er alle seine Schüler. Einer seiner Freunde wollte ihm aus seiner Not helfen und ihn überreden, mit dem Trinken aufzuhören:
»Hör mal, wenn du das Saufen aufgibst, werden die Eltern dir bestimmt ihre Kinder wieder anvertrauen.«
Der Melamed lachte:
»Oh, wie dumm du bist, all diese Jahre habe ich die Kinder unterrichtet, um trinken zu können, und nun willst du mich überreden, daß ich das Trinken aufgebe, um lehren zu können.«

---

* Melamed – Religionslehrer im »Cheder«, einer Schule für Kleinkinder von 3 bis 10 Jahren. Melameds wurden auch Rebbe genannt, was nicht mit einem Rabbiner zu verwechseln ist.

Weil er lange Zeit krank gewesen war, hatte ein Melamed alle seine Schüler verloren. In seiner Not beschloß er Räuber zu werden. Er nahm ein Messer, und versteckte sich im Gebüsch neben dem Weg zur Stadt. Als ein Kaufmann mit seiner Ware vorbeikam, sprang er hinzu und zog sein Messer heraus. Plötzlich aber warf er es weg und sagte zu dem überraschten Kaufmann:
»Dein Glück, mir fiel eben ein, daß dies ein milchiges Messer ist.«

Im Religionsunterricht wird das Buch Genesis behandelt. Nun kamen sie zum Satz: »Watomos Soro«. Da die Kinder es nicht verstanden haben, fragt der kleine Mojschele: »Rebbe, was heißt ›watomos‹?«
»Watomos heißt gestorben. Soro ist Sarah. Na, wer ist gestorben?«
Mojschele: »Watomos ist gestorben.«
Da wird der Melamed böse: »Bengel einer, die Übersetzung von ›watomos‹ ist ›gestorben‹. Na, sag, wer ist gestorben?«
»Rebbe, die Übersetzung ist gestorben.«
»Du Stockfisch, ich wiederhole: watomos heißt ›gestorben‹, verstehst du endlich? Die Übersetzung von watomos ist gestorben, Watomos Soro heißt also: Sarah ist gestorben. Na, sag nun, wer ist gestorben?«
Darauf Mojschele mit Tränen in den Augen:
»Rebbe, ich verstehe überhaupt nichts mehr, eppes eine Seuche ist das. Watomos ist gestorben, und die Übersetzung ist gestorben, und Sarah ist auch gestorben.«

Ein Melamed, völlig verarmt, sah nur noch den Ausweg, Räuber zu werden. Als er sein ersten Opfer überfiel, fand er bei diesem nur 5 Kopeken. Enttäuscht rief er: »Was, nur 5 Kopeken, bin ich a Räuber oder a Schnorrer!«

Warum heuert man einen Melamed nur für ein halbes Jahr an? – Wenn der Melamed die Kinder von morgens bis abends eifrig lehrt, so bekommt er nach sechs Monaten die Schwindsucht und man muß einen Nachfolger suchen. Wenn er aber gesund bleibt, muß man ihn feuern, weil er sich keine Mühe gegeben hat.

Ein reicher Jude engagierte einen Melamed, der seinem einzigen Sohn Hebräisch- und Religionsunterricht erteilen sollte. Das Kind aber war dumm und faul und wollte nicht lernen. Eine Tages hospitierte der Vater beim Unterricht und stellte mit Staunen fest, daß der Lehrer dem Sohn den Text des Kadisch's, des Gebetes für verstorbene Eltern, beizubringen versuchte.

»Was tust du?« fragte er den Melamed wütend. »Ich lebe doch noch, Gott sei Dank.«

»Ich verstehe nicht, warum du dich aufregst«, antwortete der Lehrer, »wenn du so lange lebst, bis dein Sohn das Gebet gelernt hat, erreichst du ein ganz schönes Alter.«

Als der Melamed seinen Schülern die Thora erklärte, unterbrach ihn seine Frau und beauftragte ihn, die Wäsche auf dem Boden aufzuhängen. Der Melamed sagte den Kindern, sie sollten weiterlernen, wenn sie aber ein unverständliches Wort fänden, sollten sie einen Jungen schicken und nach der Bedeutung fragen lassen. Die Schüler lasen das Buch Genesis weiter, und nun fanden sie das Wort: ›Mimajle‹ (was ›höher‹ bedeutet), das sie nicht verstanden und schickten einen, der den Melamed fragen sollte. Der Junge kam zur Leiter und rief dem Melamed zu:

»Rebbe, was ist das: ›mimajle‹?«

»Höher«, antwortete der Melamed.

Da aber der Junge das mißverstand und glaubte, daß er zu leise gefragt hatte, schrie er laut:

»Rebbe, was bedeutet das Wort ›mimajle‹?«

»Höher«, antwortete der Melamed wieder.

Nun schrie der Junge sehr laut:

»Rebbe, die Übersetzung des Wortes ›mimajle‹!«

Da wurde der Melamed böse und schrie:

»A Schlag soll dich treffen, du Esel.«

Als der Melamed zurückkam, fragte er die Kinder, was sie in seiner Abwesenheit gelernt hätten. Als die Reihe an dem Jungen war, der den Melamed über ›mimajle‹ befragt hatte, übersetzte er das Wort mit: »A Schlag soll dich treffen.«
Die Antwort verärgerte den Melamed so sehr, daß er dem Jungen eine Ohrfeige gab. Der Kleine weinte und fragte:
»Aber warum?«
Darauf sagte sein Nachbar:
»Wieso verstehst du das nicht, zum Melamed sagt man doch nicht ›a Schlag soll dich treffen‹, sondern ›a Schlag soll Sie treffen‹.«

Kantoren

Eine jüdische Gemeinde suchte einen Nachfolger für den verstorbenen Kantor. Ein Kandidat hatte sich gemeldet und am Sabbat in der Synagoge vorgesungen. Aber die Vorstandsmitglieder wurden sich nicht einig, ob der Bewerber angestellt werden sollte oder nicht. Die einen fanden seinen Gesang schrecklich, die anderen behaupteten, daß er mit Gefühl die Gebete interpretiert hatte. Nun kamen sie zum Rabbi, der entscheiden sollte.
»Ich versteh euch nicht, worüber streitet ihr? Ein Kantor muß fromm sein, die Thora und den Talmud kennen, er sollte reif im Alter sein, einen aufrichtigen Charakter haben und gut singen können. Alle sind wir uns einig, daß er fromm ist, gute Thora-Kenntnisse und einen aufrichtigen Charakter hat, ja?«
»Jawohl Rabbi.«
»Worum geht der Streit? Darum, ob er eine gute oder eine schlechte Stimme hat. Nu, und eine solche Kleinigkeit soll verhindern, daß ein guter, gebildeter und frommer Mensch als Kantor bei uns in der Gemeinde arbeitet?«

Zwei Gemeindemitglieder unterhalten sich über den neuen Kantor.
»Ah, wie schön er singt.«
»Kunststück, wenn ich seine Stimme hätte, könnte ich genauso schön singen.«
Der Kantor beschuldigte den Schatzmeister der Gemeinde, Geld unterschlagen zu haben. Der Schatzmeister leugnet dies und geht zum Rabbi. Es kommt zum Rabbinischen Gericht und der Rabbi fordert den Kantor auf, die Beschuldigung zurückzunehmen:
»Wie soll ich das tun?« fragt der Kantor.
»Sprich nur nach«, sagt der Rabbi, »der Schatzmeister ist kein Dieb!«
Der Kantor:
»Der Schatzmeister ist kein Dieb?«
Der Rabbi brüllt:
»Das ist der falsche Ton!«
»Rabbi«, ruft der Kantor, »wenn es um die Heilige Schrift und ihre Auslegung geht, da bist du der Meister, aber wenn es um den Ton geht, da lasse ich mir nicht reinreden!«

Als der Allmächtige den Hund schuf, fragte das Tier: »Was erwartet mich auf dieser Welt?«
»Du wirst einen Herrn haben, der dich schlagen wird, wenn du nicht gehorchst. Du wirst Knochen fressen und zum Mond bellen.«
»Wie lange soll ich leben?«
»Siebzig Jahre.«
»Was? So lange soll ich mein Hundeleben führen? Fünfzehn Jahre genügen mir.«
»Einverstanden«, sagte Gott.
Dann schuf der Allmächtige das Pferd.
»Was ist meine Aufgabe«, fragte das Tier.
»Du wirst schwere Last schleppen und dafür wird man dich noch schlagen.«

»Wie lange soll ich das tun?«
»Siebzig Jahre.«
»Lieber Gott, sind fünfundzwanzig nicht lang genug?«
»Gut, es soll sein, wie du willst.«
Als alle Tiere auf der Welt waren, schuf Gott den Kantor.
Der fragte:
»Was ist meine Aufgabe?«
»Du wirst in den Synagogen singen und die Gläubigen mit deinem Gesang auf den Hochzeiten erfreuen. Deine Arbeit wird den Menschen viel Freude machen.«
»Wie lange werde ich leben?«
»Siebzig Jahre.«
»Das ist mir zu wenig.«
»Wenn du willst, sollst du länger leben«, sagte Gott.
Aber woher sollte er die zusätzlichen Jahre nehmen? Da waren noch die nicht verbrauchten Jahre von Hund und Pferd.
Und nun, wenn ihr einen Kantor, der über siebzig Jahre alt ist, hört, winselt er wie ein alter Hund, und wenn ihr mit ihm zusammen tafelt, frißt er wie ein Pferd.

Der Kantor wendet sich an den Gemeindevorsitzenden, er möge ihm sein Gehalt für ein Jahr vorausbezahlen, da er das Geld für die Hochzeit seiner Tochter benötige. Der Rabbi hat aber Bedenken, da der Kantor schon sehr alt ist und früher sterben könnte.
Da sagt der Kantor:
»Ich versteh Sie sehr gut, aber verlassen wir uns doch auf den Allmächtigen, alles liegt in seiner Hand. Wenn ich das Jahr überlebe, ist das Euer Glück, aber wenn ich früher sterbe, ist das mein Glück.«

VIII. Jüdische Eulenspiegel

Hersch Ostropoler lebte an der Wende des 18. und 19. Jahrhunderts und wurde wegen seiner Witze, Streiche und Geschichten berühmt. Er ist auch ein Literaturheld; denn er erscheint in den satirischen Erzählungen des Klassikers der jiddischen Literatur Scholem Alejchem, in den Kurzgeschichten Isaak Babels und in den Werken vieler jüdischer Schriftsteller. Über Hersch, angestellt beim Rabbi Boruch aus Miedzybosch, wurden tausende Geschichten erzählt. Hier eine kleine Auswahl.

Hersch geht über den Marktplatz. Ein Händler ruft ihm nach:
»Hersch, kauf einen Schrank, du bekommst ihn sehr billig.«
»Einen Schrank? Wozu?«
»Um deine Kleider hineinzutun.«
»Meine Kleider? Und ich soll nackt rumlaufen, was?«

Rabbi Boruch war nicht zu Haus, und Hersch saß in seinem Zimmer als ein Jude vorsprach.
»Rabbi«, sagte er, »ich bin gekommen, um meine Sünden zu beichten. Ich war unterwegs und übernachtete in der Scheune einer Dorfgastwirtschaft. Als ich mir ein warmes Plätzchen suchte, bemerkte ich plötzlich im Licht der Laterne ein wunderschönes, nacktes schlafendes Mädchen im Heu treten. Ich stand und habe sie bewundert, so schön war sie.«
»Und was hast du weiter gemacht?« fragt Hersch gespannt.
»Ah, Rabbi, ich war dann so durcheinander, daß ich mich umdrehte und wegging.«
»Als Buße«, sagt Hersch, »sollst du drei Tage lang nur Heu essen.«

Drei Tage später meldet sich der Jude beim Rabbi Boruch und berichtet, daß er drei Tage wie vorgeschrieben gebüßt hat. Rabbi Boruch ruft Hersch und fragt:
»Wieso hast ihm als Buße das Heufressen auferlegt?«
»Ah, Rabbi, wenn dieser Trottel vor einem nackten schönen Mädchen davonläuft, ist er ein Esel und soll eben Heu fressen.«

Ein reicher Jude sagt zum Hersch:
»Wenn du mir sofort, ohne nachzudenken, eine Lüge auftischst, bekommst du einen Rubel.«
»Was heißt einen Rubel, du hast doch eben gesagt, zwei ...«

»Hersch, ist es wahr, daß du deine Frau mit dem Stock, und sie dich mit einem Topf schlägt?«
»Nein, manchmal ist es umgekehrt.«

Der Rabbi tadelt Hersch wegen seines großen Schnapskonsumes.
»Rabbi, ich trinke nur, um meine Sorgen im Alkohol zu ersaufen.«
»Na und, hast du es noch nicht geschafft?«
»Aber wo, die schwimmen hervorragend.«

Ein Jude fragt Hersch:
»Wie geht es dir? Wie geht es deiner Frau?«
»Ausgezeichnet, wir leben in Freude zusammen.«
»Aber ihr habt Euch doch immer gegenseitig geschlagen?«
»Nu ja, das hat sich auch nicht geändert. Nur wenn sie mir a Kochlöffel gegen den Kopf schmeißen will und trifft nicht, freue ich mich. Passiert mir das gleiche mit a Tintenfaß, freut sie sich. Und so leben wir eben ständig in Freuden.«

Hersch erzählt im Kreis seiner Freunde:
»Ich habe im Traum den lieben Gott gesehen und mich mit ihm unterhalten. Da ich es weiß, daß beim Allmächtigsten tausend Jahre nur eine Weile ist, bat ich ihn: »Borg mir tausend Rubel für eine Weile!« – »Und was hat der liebe Gott gesagt?«, fragen die Zuhörer.
»Wart eine Weile«, hat er zu mir gesagt.

Hersch war nicht sehr fromm. Eines Tages fragt ihn ein Jude:
»Hersch, ist es richtig, daß du nicht an Gott glaubst?«
»Wer sagt das?«
»Die Leute.«
»Warum hörst du auf das Gerede der Leute, frag doch den lieben Gott.«

Vor dem Passahfest sagt Hersch zu einem Bekannten: »Das halbe Fest habe ich schon vorbereitet.«
»Was heißt das halbe Fest?«
»Also Brot habe ich schon keins mehr im Hause, nur Geld für Matzes fehlt mir noch.«

Am Sabbat steht Hersch am Fenster. Der Rabbi ist in seine Andacht vertieft. Plötzlich seufzt Hersch:
»Oj, Rabbi!«
»Was ist?«
»Rabbi, ich sehe, wie eine Kuh im Teich ertrinkt.«
»Na und?«
»Rabbi, darf man am Sabbat eine Kuh retten?«
»Nein.«
»Oj, Rabbi, ein Unglück, die Kuh steckt schon bis zum Hals im Wasser.«
»Laß mich in Ruhe mit dem Rindvieh.«
»Oj Rabbi, ihr werdet Ärger haben mit der Kuh.«

»Heute ist Sabbat, laß mich beten. Und wieso soll ich Ärger haben?«
»Es ist deine Kuh, Rabbi.«

Die Frau weckt Hersch.
»Hersch, es sind Diebe in der Wohnung, steh auf!«
»Sei still, vielleicht finden sie was.«

Ein Spieler und Säufer bekommt in der örtlichen Kneipe plötzlich einen Herzschlag. Wie soll man die arme Witwe schonend benachrichtigen? Hersch übernimmt die Aufgabe. Die Frau begrüßt ihn:
»Ist schon wieder was mit meinem Lumpen?«
»Ja.«

»Schon wieder gesoffen und Karten gespielt?«
»Ja.«
»Oh, ich Unglückliche. Der Schlag soll ihn treffen!«
»Eben geschehen.«

Herschs Frau sagt zu ihrem Mann: »Wir haben nichts mehr zu essen. Besorge Geld!«
»Woher nehmen und nicht stehlen.«
»Die Kinder haben Hunger, du mußt Geld auftreiben.«
Als Hersch das hört, sagt er zu seinem ältesten Sohn:
»Geh zum Nachbarn und leih eine Peitsche.«
Als Herschs Frau das hörte, fing sie an zu weinen:
»Gott erbarme dich, er wird mich nun schlagen.«
Aber Hersch war weit von einem solchen Gedanken entfernt. Er lief zum Markt und rief laut:
»Wer will nach Letytschow, wer will nach Letytschow zum halben Preis.«
Schnell sammelte sich eine Gruppe Menschen, die mitwollten! Hersch kassierte das Geld und sagte:
»Kommt, ich bring euch jetzt nach Letytschow.«
»Und wo sind die Pferde?«, fragte jemand.
»Keine Angst, ihr werdet schon sehen.«
So gingen die Leute mit Hersch in Richtung Letytschow und da es in der Nähe eine Brücke gab, so meinten Sie, die Pferde mit dem Wagen würden dort auf sie warten. Aber nachdem sie die Brücke passierten: vom Wagen keine Spur.
»Du bist ein Betrüger«, schrien die Geprellten. Aber es hatte nun keinen Sinn mehr umzukehren. So stapften sie wütend hinter Hersch zu Fuß nach Letytschow. Als sie das Städtchen erreicht hatten, attackierten sie Hersch:
»Gib uns das Geld zurück, du hast uns reingelegt und betrogen.«
»Ich habe euch betrogen?« lachte Hersch. »Wieso? Ich habe versprochen, euch nach Letytschow zu bringen? Nun seid ihr hier.«
»Aber du solltest uns doch fahren.«

»Vom Fahren und von Pferden war keine Rede.«
Da gaben die Genasführten auf und gingen weg.
Als Hersch nach Hause kommt, fragt ihn seine Frau:
»Woher du die Peitsche hast, weiß ich, aber wer gab dir die Pferde?«
»Stelle keine so dummen Fragen. Du kennst doch das Sprichwort: wenn du eine Peitsche hast, findet sich immer ein Pferd.«

Motke Chabad, der Eulenspiegel von Wilna

Man fragte Motke Chabad, warum Nudeln eigentlich Nudeln heißen.
»Das ist doch klar! Sind Nudeln lang wie Nudeln?« – »Ja.« »Sind Nudeln weich wie Nudeln?« – »Ja.« – »Schmecken Nudeln wie Nudeln?« – »Ja.« – »Also warum sollen Nudeln anders heißen?«

Motke Chabad trifft mittags einen reichen Kaufmann, der als geizig und gemein bekannt ist. Motke begrüßt ihn:
»Guten Abend.«
»Was fällt dir ein ›Guten Abend‹ am hellichten Tag zu sagen?«
»Wenn ich Sie sehe, dann wird mir schwarz vor den Augen.«

Motke Chabad ist unterwegs und kommt in eine Gastwirtschaft. Dort werden ihm nur eine etwas zweifelhafte Leberpastete und Rettich angeboten.
Nach dem Essen kann Motke die ganze Nacht nicht schlafen. Am nächsten Morgen wendet sich die Wirtin an ihren Gast: »Sie scheinen mir ein kluger Mensch zu sein. Vielleicht wissen sie einen Rat, wie ich die Rattenplage im Haus loswerden kann.
»Gib den Ratten deine Leberpastete und weißen Rettich und ich garantiere dir, du siehst sie nie wieder.«

Motke Chabad war in einer Gastwirtschaft und hat hier eine winzige Portion Fleisch bekommen. Er sieht traurig auf seinen Teller und fängt an zu jammern.
Der Gastwirt kommt eilfertig hinzu und fragt höflich: »Was ist geschehen?«
»Was geschehen ist? Es genügt doch darüber nachzudenken, daß für ein solches Stückchen Fleisch ein ganzer Ochse geschlachtet wurde.«

IX. Schmonzes

Ein Chassid nutzt die Abwesenheit seines Rabbis, um sich an dessen junge, schöne Frau heranzumachen:
»Rebbezn, nu, wie wär's mit uns beiden?«
»Was fällt dir ein, die Frau deines Rabbis zu belästigen!«
»Wenn Sie nicht wollen, dann eben nicht ...«
»Wer spricht von nicht wollen, aber die Chuzpe.«

»Rosenblum, Ihre Frau betrügt Sie mit dem Grün von gegenüber.«
»Na und?«
»Ist Ihnen das ganz egal?«
»Sie müßten doch als Kaufmann wissen, daß es besser ist, 50 % in einem guten Geschäft zu haben als 100 % in einem schlechten.«

Frau Silberberg ist gestorben. Die Freunde der Familie kommen, um den Ehemann zu trösten. Sie finden aber seine Wohnung leer. Nach langem Suchen stöbern sie schließlich Silberberg im Dienstmädchenzimmer im Bett der jungen Magd auf.
»Aber Silberberg, was machen Sie?«
»Ah, der große Kummer! Was weiß ich, was ich mache?«

Isidor läuft hastig über den Bahnstein und ruft laut: »Rubinstein! Rubinstein!«
Aus dem Fenster eines Coupés schaut ein junger Mann und fragt den aufgeregten Juden:
»Was ist los?«
Ehe er sich versehen hat, handelt er sich eine Ohrfeige ein. Kon-

sterniert macht er schnell das Fenster zu und lacht aus vollem Halse. Die anderen Passagiere im Abteil wundern sich:
»Sie haben eben eine Ohrfeige bekommen und lachen?«
»Ich bin doch gar nicht Rubinstein«, antwortet der junge Mann.

Während des Ersten Weltkrieges, als die russische Armee Galizien besetzt hatte, kam es zu Pogromen. Die Kosaken plünderten jüdische Geschäfte und vergewaltigten jüdische Frauen. Ehe die Soldaten einmarschierten, versteckten sich die jungen Frauen der kleinen Stadt, um diesem Schicksal zu entgehen. Auch die eine sehr betagte Oma will sich verbergen. Da wird sie gefragt:
»Oma, Sie sind doch alt, warum wollen sie sich verstecken?«
»Nu, gibt es etwa keine alten Kosaken?«

In einem galizischen Dorf dringt ein Kosak in eine jüdische Wohnung ein und vergewaltigt die Frau. Ihre 17jährige Tochter weint und fleht:
»Schonen Sie meine Mutter, nehmen Sie doch lieber mich, ich bin viel jünger!«
Darauf die Mutter:
»Laß das, der Herr Kosak weiß schon was er tut.«

»Rosenblum, du hast geheiratet?«
»Ja, vor zwei Wochen.«
»Ist deine Frau schön?«
»Das ist Geschmackssache, mir gefällt sie nicht.«

Grün macht Frau Rosen einen eindeutigen Vorschlag.
»Das ist ja unerhört, halten Sie mich für eine Hure?«
»Aber wo! Wer spricht denn hier von Geld?«

Gold kommt nach Hause und findet seine Frau mit seinem Geschäftspartner Hirsch im Bett.
»Hirsch, ich versteh dich nicht, ich muß, aber du?«

Rabbinowitz hatte seine Frau nach Marienbad zur Kur geschickt. Nun will er sie besuchen. Vorher kündigt er telegrafisch sein Kommen an. In Marienbad ist seine Frau nicht wie erwartet am Bahnhof. Er eilt ins Hotel und findet sie in den Armen eines jungen Mannes. Wütend fährt er wieder nach Haus, sucht den Rabbiner auf und erklärt, daß er sich scheiden lassen wolle.
»Rabbi«, klagt er, »so was mir anzutun! Ich schufte wie ein Pferd, schicke sie nach Marienbad, und als ich sie besuchen will, kommt sie nicht mal zum Bahnhof, sondern amüsiert sich im Hotel.«
Darauf sagt der Rabbi:
»Hör mal, vielleicht ist sie unschuldig.«
»Was heißt hier, unschuldig?« ruft Rabbinowitz.
»Nu, vielleicht hat sie dein Telegramm nicht bekommen.«

Itzigsohn ist verreist. Sein Freund und Partner Schimschel besucht seine Frau und will sie verführen. Er bietet ihr für eine schwache Stunde die horrende Summe von fünftausend Zloty. Nach langem Hin und Her ist Frau Itzigsohn schließlich bereit. Als zwei Tage später der Ehemann nach Hause kommt, fragt er:
»War der Schimschel da?«
»Ja, ja«, stottert Frau Itzigsohn, »er war da.«
»Hat er dir fünftausend Zloty gegeben?«
Frau Itzigsohn ist blaß geworden, sie zittert:
»Ja, er hat, er hat sie gegeben.«
Da lächelt Itzigsohn zufrieden:
»Na, dann ist er doch ein ehrlicher Mensch. Er hat sich nämlich bei mir die fünftausend geliehen und versprochen, sie dir am nächsten Tag wiederzubringen.«

Es ist zwei Uhr nachts, der junge Levinsohn befindet sich auf dem Wege nach Hause. Unterwegs kommt er am Freudenhaus vorbei und entdeckt seinen Vater an der Bordelltür.
»Papa, du hier?«
»Ja, mein Sohn, schau, es ist schon spät; für närrische 10 Zloty werde ich doch die Mama um diese Zeit nicht wecken.«

Ein Jude hatte in einer fremden Stadt seine Geschäfte erledigt und will sich noch ein wenig amüsieren. Er kennt sich aber nicht aus, und es ist ihm peinlich, nach der Adresse des Freudenhauses zu fragen. Aber er weiß sich zu helfen und spricht einen Passanten an:
»Entschuldigen Sie, wo ist hier die Synagoge?«
»Die Synagoge? In der Gartenstraße.«
»Aha, gegenüber dem Bordell, was?«
»Aber wo, das Bordell ist doch in der Krämergasse.«
»Danke vielmals.«

Hecht begehrt beim Rabbi die Scheidung. Dieser fragt ihn pflichtgemäß nach dem Grund.
»Meine Frau gefällt mir nicht mehr.«
»Gut, dein Wunsch soll erfüllt werden, aber vorher will ich noch ein Experiment machen. Du wirst einer Frau in einem verdunkelten Zimmer meines Hauses begegnen, die du nach Herzenslust lieben kannst. Danach werden wir noch einmal über die Scheidung reden.« Hecht ist einverstanden. Nun flüstert der Rabbi seinem Diener, dem Schames, etwas zu, der verschwindet sofort. Nach 15 Minuten ist er wieder da, und er gibt dem Rabbi ein Zeichen.
»Geh in das Zimmer, wo dich der Schames hinbringt; in einer Stunde kommst du wieder zu mir.«
Nach einer Stunde erscheint Hecht mit strahlendem Gesicht beim Rabbi, der ihn gespannt fragt:
»Na, was sagst du nun?«

»Phantastisch, Rabbi, das ist eine Frau.«
»Du Narr, das war doch deine Frau, nur in der Dunkelheit hast du sie nicht erkannt.«
»Rabbi, das war die Frau Hecht, von dem, der mit Textilien handelt; ich bin der Hecht, der mit Getreide handelt.«

In der Badeanstalt fragt ein Jude einen anderen:
»Entschuldigen Sie, sind Sie nicht aus Berdytschow?«
»Ja, aber woher kennen Sie mich?«
»Ich kenn Sie nicht, ich habe den Schnitt erkannt.«

Rosenblum war ein Pechvogel, kein Geschäft gelang ihn. Da beschloß seine junge Frau, nach Amerika auszuwandern und dort ihr Glück zu suchen. Rosenblum blieb zu Hause in seiner ostpolnischen Kleinstadt. Schon kurze Zeit nach der Überfahrt kam die erste Geldsendung aus Amerika – 10 Dollar.
Nach ein paar Wochen kam wieder Geld – diesmal 20 Dollar. Jeden Monat wiederholte sich das freudige Ereignis. Rosenblum war glücklich und beschloß, ebenfalls in das Land der unbegrenzten Möglichkeiten zu gehen. Als er endlich in New York nach langer, beschwerlicher Reise landet, sucht er sofort das Haus, in dem seine Frau wohnt. Ein schönes Haus, er geht hinein, Mrs. Rosenblum begrüßt ihren Ehemann in der eleganten Halle in einem aufreizenden Negligé. Sie führt ihn durch die vornehm eingerichteten Zimmer. Als sie schließlich in das Schlafzimmer kommen, bemerkt Rosenblum einen nackten Mann auf dem breiten Bett.
»Sag mal, Surele, das Geld, das du mir geschickt hast, hat er es dir gegeben?«
»Ja.«
»Und das Haus, hat er es gekauft?«
»Ja.«
»Und die schönen Möbel und die ganze Einrichtung?«
»Auch.«

»Surele, ich bitte dich, deck ihn zu, er könnte sich sonst noch erkälten.«

Die Tochter des bekannten jüdischen Bankiers erwartet ein Kind. Als die ersten Wehen einsetzen, wird der beste Gynäkologe Warschaus, der Ordinarius der Universitätsklinik, gerufen. Doch ehe es soweit ist, will der Arzt noch eine Partie Schach spielen. Nach einer halben Stunde stöhnt die Tochter: »Oh, mon Dieu, je meurs, quelle douleur!«
»Herr Professor«, drängt der Bankier ungeduldig, »es ist Zeit.«
»Nein, noch nicht.«
Nach zwanzig Minuten hört man im Salon: »Oh, my God, I die of the pain.«
»Herr Professor!« mahnt der Bankier.
»Aber, aber, seien Sie doch geduldig, noch nicht.«
Es vergehen wieder einige Minuten, da schreit die junge Frau: «Aj weh, Mamme, Mameschi!«
Da steht der Professor auf und sagt: »Jetzt.«

Ein Jude aus Osteuropa beschloß, seine Heimat zu verlassen und nach Amerika, ins gelobte Land, auszuwandern. Er verkaufte sein ärmliches Hab und Gut und machte mit wenig Geld in der Tasche zunächst in Paris Zwischenstation. Hier beschloß er, das Leben ein bißchen zu genießen und besuchte ein Freudenhaus. Die Chefin des Etablissements zeigte ihm ein Album mit appetitlichen Photos:
»Diese Blonde, ein Prachtweib, können Sie für 100 Franc haben.
»Zu teuer«, wehrte der Jude ab.
»Diese Schwarze kostet 80 Franc.«
»So viel habe ich nicht.«
»Und diese Rothaarige für 60 Franc?«
»So viel habe ich auch nicht.«
»Diese Negerin kostet 40 Franc.«

»Immer noch zu teuer für mich.«
»Na, wieviel hast du denn?«
»20 Franc.«
»Na gut, du tust mir leid, ich nehme dich, du kannst mit mir die Nacht verbringen.«
Am nächsten Morgen, noch etwas matt, verabschiedete sich der Jude und reiste nach Amerika. Dort schuftet er zwanzig Jahre lang, und endlich ist er ein steinreicher Mann. Er beschließt, Europa wieder zu besuchen, kommt nach Paris und erinnert sich an die schöne Nacht im Bordell. Er sucht das Haus auf und die Dame des Hauses erkennt ihn tatsächlich wieder. Sie begrüßt ihn mit der Nachricht:
»Ich muß dich überraschen, wir haben einen Sohn, der gerade 19 Jahre geworden ist.«
Sie ruft den Jungen. Als dieser seinen Vater sieht, ruft er voller Ekel:
»Saujud.«
Darauf der Jude:
»Was heißt Saujud! Wenn ich vor zwanzig Jahren zwanzig Franc mehr gehabt hätte, wärst du heute ein Saunigger.«

»Gold, warum haben Sie eigentlich eine so häßliche Frau geheiratet?«
»Sie ist aber innerlich schön.«
»Nu, und warum haben Sie sie nicht wenden lassen?«

»Herr Cohn, Sie waren doch so lange in Frankreich, da müssen Sie Französisch verstehen.«
»Natürlich.«
»Sagen Sie mir also, was bedeutet das französische Wort: pourquoi?«
»Warum.«
»Was heißt: warum? Ich frage, weil ich es wissen will.«
»Und was ist das: rien?«

»Gar nichts.«
»Wieso gar nichts, es muß doch was bedeuten.«

Rubinstein begegnet einem Leichenzug, hinter dem Sarg geht sein Freund Blau.
»Blau, wer ist gestorben?«
»Meine Frau.«
»Was fehlte ihr?«
»Ich weiß es nicht.«
»Hat sie Fieber gehabt?«
»37,7.«
»Eh, das ist doch nichts Ernstes.«
Ein Jahr später begegnet er Blau wieder in der gleichen Situation.
»Blau, wer ist gestorben?«
»Mein Frau.«
»Wieso? Deine Frau hast du doch vor einem Jahr begraben!«
»Ja, aber in der Zwischenzeit habe ich wieder geheiratet.«
»Masl Tov*, dann alles Gute, ich wußte gar nicht, daß du geheiratet hast.«

»Deine Frau ist gestorben?«
»Nein, die Schwiegermutter.«
»Auch nicht schlecht.«

»Deine Frau ist gestorben.«
»Ja.«
»Was war ihr?«
»Ich weiß es nicht, sie hat sehr geschwitzt.«
»Oh, Schwitzen tut gut.«

---

* Masl Tov = besten Wunsch, Glückwunsch (aus dem hebr. Masal = Glück und Tov = gut).

Ein Jude sieht zum ersten Mal in seinem Leben einen Fernsprecher. Er läßt sich den Apparat genau erklären.
»Mit der einen Hand nimmt man den Hörer, mit der anderen wird gewählt.«
»Na, und womit redet man?«

Was ist eine Pantomime?
Ein Theaterstück, wo sich die Schauspieler normal unterhalten ohne zu reden.

Warum hat Moses die Juden 40 Jahre lang durch die Wüste geführt?
Weil er sich geschämt hat, mit ihnen in die Städte zu kommen.

Wann ißt ein armer Jude ein Huhn?
Wenn entweder der Jude oder das Huhn krank ist.

»Hast du gehört, was für ein schreckliches Unglück passiert ist?«
»Nein, was denn?«
»Stell dir vor, gestern kam Moses Beilis nach Hause und fand seine Frau in den Armen von Rotholz; er holte eine Pistole und hat den Rotholz an Ort und Stelle erschossen.«
»Es hätte schlimmer kommen können.«
»Was heißt schlimmer?«
»Na, wenn das vorgestern passiert wäre, als ich dort war.«

Die Eltern des kleinen Mojschele hatten beschlossen, ihren Sohn in eine Klosterschule zu schicken, damit er endlich zu jiddeln aufhören würde. Nach einigen Monaten kommen sie zu Besuch. Als der Bruder-Pförtner sie sieht, ruft er freudestrahlend: »Aj, ich fraj mich sajer, ihr Mojschle spilt mit den anderen Kinderlach im Gurten.«

Moritz Gelb hat endlich sein Abitur gemacht, und die Eltern finanzieren nun sein Studium in Warschau. Monate vergehen, der Sohn gibt kein Lebenszeichen von sich. Briefe bleiben unbeantwortet. Eines Tages muß ein Bekannter geschäftlich nach Warschau und so bitten ihn die Eltern von Moritz, der Ursache des Schweigens auf den Grund zu gehen. Als er in das Städtchen zurückkommt, berichtet er:
»Es steht sehr schlecht.«
»Was? Ist er ein Spieler geworden: Karten, Roulette, Pferde?«
»Ah, wenn das so wäre! Schlimmer.«
»Trinkt er?«
»Schlimmer.«
»Mädchen?«
»Das wäre gut. Schlimmer!«
»Nu, sagen Sie doch endlich, was mit dem Kind ist«, ruft die Mutter.
»Gnädige Frau, er hat es mit Jungs.«
Die Eltern sind niedergeschlagen. Der Vater schreibt einen Brief und fordert den Sohn auf, nach Haus zurückzukehren, ohne Erfolg. Endlich, nach drei Monaten schreibt der Sohn:
»Ich habe mich verlobt. Komme am Donnerstag um sieben Uhr mit meiner Braut an.«
Alle sind überglücklich, der Sohn, der Stolz der Familie, ist geheilt. Ungeduldig warten sie auf das junge Paar. Schließlich sind sie da. Die Mutter öffnet die Tür und sieht ihren Sohn in Begleitung eines riesigen blonden, blauäugigen jungen Mannes. Fassungslos schreit sie:
»Oj, nebbich, a Goj!«

Im Schaufenster eines kleinen jüdischen Geschäfts hängt eine Tafel:
»Man spricht deutsch.
On parle français.
English spoken.
Espagñol.

Parla italiano.
Und außerdem noch sechs andere Sprachen.«
Ein Passant ist darüber verwundert und geht in den Laden. Dort trifft er einen alten kleinen Juden im Kaftan:
»Sie sprechen elf Sprachen?«
»Ich? Nein, die Kunden.«

Im Schaufenster eines Metzgers lockt ein saftiger Schinken. Ein vorbeigehender Jude ist von dem herrlichen, ihm aber streng verbotenen Fleisch so begeistert, daß er in den Laden geht und nach dem Preis fragt. In diesen Augenblick ertönt ein Donnerschlag. Zu Tode erschrocken blickt der Jude zum Himmel und ruft:
»Fragen darf man doch wohl?«

Ein frommer Jude bemerkt am Sabbat einen geöffneten jüdischen Laden, an dem ein Schild hängt: »Heute Ausverkauf, alles zum halben Preis.«
Entrüstet geht er hinein und schnauzt:
»Heute, am heiligen Sabbat machen Sie Geschäfte?«
Darauf er Inhaber:
»Ich verkaufe alles zum halben Preis, und das nennen Sie Geschäfte?«

Rosenzweig hat den Verdacht, daß seine Frau ihn betrügt. Er beauftragt einen Detektiv, sein Eheweib Tag und Nacht zu bewachen. Nach einigen Tagen berichtet der Detektiv:
»Gestern traf sich Ihre Frau Gemahlin mit Herrn Reich, Textilien en gros, in einem Kaffeehaus, dann sind sie mit einem Fiaker ins Hotel Lux gefahren, sie mieteten das Zimmer 112. Nun habe ich sie durch das Schlüsselloch weiter beobachtet. Beide haben sich entkleidet. Ihre Frau hat sich ins Bett gelegt, Herr Reich löschte das Licht aus und dann konnte ich nichts mehr sehen.«

Darauf der Ehemann:
»Lieber Gott, immer diese Ungewißheit!«

»Ich war gestern bei Schlojme«, erzählte ein Jude einem Bekannten, »und stell dir vor, er wollte mich verprügeln ...«
»Woher weißt du, daß er dich verprügeln wollte?«
»Was heißt, woher? Er hat mich ja verprügelt.«
»Nu, warum sagst du dann, daß er wollte?«
»Nu, wenn er nicht wollte, hätte er es doch nicht gemacht.«

Moische fragt seinen Bekannten Itzik:
»Sag mir, was ist die Relativitätstheorie von Einstein?«
»Wie soll ich dir das erklären? Also, stell dir vor, du sitzt mit dem nackten Hintern auf dem heißen Herd. Eine Minute scheint dir eine Ewigkeit zu dauern. Bist du aber mit a schönem Mädel zusammen, vergeht eine Stunde wie eine Sekunde.«
»Nu, und diese Chochme hat Einstein erfunden?«

Eine andere Version dieses Witzes:

»In der Zeitung steht, daß Einstein nach Tokio gefahren ist. Wer ist eppes dieser Einstein?«
»Einstein, das ist ein großer jüdischer Gelehrter, der die Relativitätstheorie erfunden hat.«
»Nu, und was für eine Theorie ist das?«
»Wie soll ich dir das erklären? Schau, wenn ein Mädchen zu einem Rabbi kommt, ist das Mädchen ein Mädchen und der Rabbi ein Rabbi. Wenn aber ein Rabbi zu einem Mädchen kommt, ist das Mädchen kein Mädchen und der Rabbi kein Rabbi ...«
»Und mit dieser Chochme ist der Einstein nach Tokio gefahren?«

»Sag Itzig, kannst du mir erklären, was ist das eigentlich, diese Relativitätstheorie?«
»Aber natürlich, also stell dir vor, du kaufst dir einen neuen Hut ...«
»Ich kann mir das nicht vorstellen.«
»Wieso denn, es ist doch einfach, stell dir vor, du kaufst dir einen neuen Hut.«
»Ich kann mir es nicht vorstellen, da ich mir erst gestern einen Hut gekauft habe.«
»Aber das ist doch komisch, also bitte: stell dir vor ...«
»Ich kann mir das nicht vorstellen.«
»No, dann kann ich dir die Relativitätstheorie eben nicht erklären.«

Die jüdische Gemeinde der ostpolnischen Kleinstadt Pruzany schrieb an Rothschild, er möge sich dort niederlassen, dann würde er ewig leben. Als der Baron zurückfragte, woher man das so genau wisse, erhielt er die Antwort:
»Bei uns in Pruzany ist noch niemals ein Millionär gestorben.«

»Chaim, haste gehört, auf der Olympiade ist ein Japaner die Strecke von 10 Kilometern gelaufen und hat dann noch einen fünf Meter breiten Graben übersprungen.«
»A Kunststück, bei einem solchen Anlauf!«

Nathan Baumblatt aus einem galizischen Städtchen ist ein lernbegieriger junger Mann und liest eifrig allerlei Bücher. In einem wird von einem Romanhelden erzählt, daß er einen »Henri quatre« trage. Da Nathan das nicht versteht, fragt er einen Bekannten danach. Der lächelt: »›Henri quatre‹ ist ein Bart.«
»Na gut, aber warum heißt er ›Henri quatre‹?«
»Nach dem französischen König ...«
»Welchem König?«
»Du Eselskopf, haste noch nie was von Ludwig XV. gehört.«

Zwei Juden pirschen durch den afrikanischen Busch. Ohne Übergang wird es dunkel, überall unheimliche Urwaldgeräusche. Plötzlich springt ein großer Schatten auf die beiden Juden zu. Voller Angst klettern sie auf den ersten besten Baum. Das Tier schleicht die ganze Nacht um sie herum. Als die Sonne aufgeht, fragt Itzig:
»Mojsche, was für ein Tier ist das, ein Tiger oder ein Panther?«
»Woher soll ich es wissen, bin ich eppes a Kirschner?«

Der neureiche jüdische Kaufmann hat nach langen Bemühungen eine »konsularische Vertretung« einer südamerikanischen Republik erhalten. Seine Frau empfängt Glückwünsche von einer Bekannten:
»Oh, Gott, was muß das ein stolzes Gefühl sein, Konsul zu sein.«
Darauf Frau Konsul:
»Konsul? Was heißt hier Konsul? Napoleon war Konsul, und mein Gatte ist Generalkonsul.«

Ein Wiener Rechtsanwalt bekommt Besuch von seinem Onkel aus Galizien. Als die beiden durch die Straßen spazierengehen, grüßt jemand den Advokaten. Da stößt der Verwandte ihn an:
»Schau, man hat dir gegrüßt.«
»Aber es heißt doch nicht ›dir gegrüßt‹, sondern ›dich gegrüßt‹.«
»Mich? Wieso hat man mir gegrüßt?«
»Man sagt doch nicht ›mir‹ sondern ›mich‹. Man hat mich gegrüßt.«
»Nu, sag ich doch die ganze Zeit, daß man dir gegrüßt hat.«

Zwei Juden treffen sich.
»Haste gehört, dein Vetter Haim hat gestern gesalzene Prügel gekriegt aufn neien Markt. Ich bin gerade dazugekommen, sowas hab ich noch nicht gesehen.«
»Haim, Prügel gekriegt? Wovor?«

»Wovor? Vor alle Leut ...«
»Aber, ich meine doch, worüber?«
»Worüber? Übern Rücken ...«
»Um Gottes willen, sag doch, was hat er gemacht?«
»Was hat er gemacht? Er hat geschrien.«

Ein jüdisches Ehepaar geht am Sabbat spazieren. Der Mann schaut sich nach jeder jungen Dame um. »Hermann, was fällt dir ein, hast du vergessen, daß du verheiratet bist?«
»Aber ganz im Gegenteil, ganz im Gegenteil, meine Liebe.«

Ein Jude erklärt einem anderen, wie man richtig deutsch spricht: »Siehst, die meisten Juden verwechseln immer ›mich‹ und ›mir‹. Und die Sach ist doch so einfach: ›Mich‹ ist immer die Einzahl, zum Beispiel: es tut mich leid. Und ›mir‹ ist immer Mehrzahl, zum Beispiel: Mir Juden sind ein verhaßtes Volk.«

»Wo sindse gestern gewesen?«
»Im Theater.«
»Was hamse gegeben?«
»Zwei Mark.«
»Ich mein, was für a Stück hamse gegeben?«
»Nu, sag ich doch, a Zweimarkstück.«
»Nicht sie, ich meine, was die Schauspieler gegeben haben?«
»Nix hamse gegeben, die sind doch umsonst reingekommen.«

Ein Feldwebel nimmt bei Einstellung der Rekruten die Personalien auf; bei einem Juden notiert er: »Alter 20, Statur schlank, Haare blond, Nase gerade ...«
Bei der letzten Angabe stutzt er und verbessert »Nase krumm«. Der Rekrut merkt das und fragt:

»Wieso schreiben sie ›Nase krumm‹, ich habe doch eine gerade Nase.«
»Wenn sie mosaisch sind, steht Ihnen eine krumme Nase zu, sonst bekomme ich einen Anschiß vom Hauptmann.«

Mojsche ist zur Musterung vorgeladen. Nachdem er sich ausgezogen hat, blickt der Offizier auf dessen Füße und befiehlt: »Zuerst ab in die Badewanne!«
Mojsche kommt zurück. Der Offizier fragt:
»Wissen sie, warum ich Sie in die Badewanne geschickt habe?«
»Nein.«
»Also, das Ganze noch einmal!«
Und das geschieht dreimal. Nun fragt der Offizier wieder:
»Na, wissen Sie endlich, warum ich Sie in die Badewanne geschickt habe?«
»Ich weiß, ich denke, Sie wollen mich für die Marine vorbereiten.«

Rosenblum fürchtet, eingezogen zu werden. Sein Freund rät ihm: »Geh zum Zahnarzt und laß dir alle Zähne ziehen, dann bist du untauglich.«
Rosenblum tat wie ihm geraten.
Am nächsten Tag fragt ihn der Freund: »Nu, hat's geklappt?«
»Ja.«
»Na siehste, mein Tip war goldrichtig, was?«
»Nein, man hat mich wegen Plattfuß befreit.«

Im Ersten Weltkrieg kommt ein jüdischer Soldat zum Unteroffizier und sagt: »Herr Unteroffizier, vielleicht zeigen Sie mir bitte meinen Feind, ich werde versuchen, mit ihm einen Vergleich abzuschließen.«

Ein Jude wird zur Artillerie eingezogen. Der junge Mann ist sehr intelligent und stellt viele Fragen. Der Leutnant hat allmählich von dem unbequemen Rekruten die Nase voll und meint bissig:
»Ich möchte dir einen guten Rat geben, kauf dir doch eine eigene Kanone und mach dich selbständig.«

Jankiel war ein Dieb, und allen im Städtchen war dies bekannt. Eines Tages findet Jankiel einen Beutel mit 100 Rubel auf der Straße, eine ungeheure Summe damals. Da der Name des Eigentümers im Beutel eingestickt ist, kann er den Verlierer feststellen und liefert bei ihm den Fund ab.
Kaum hat Jankiel die Wohnung des glücklichen Mannes verlassen, entdeckt dieser, daß seine silberne Uhr verschwunden ist. Nur der Jankiel kann sie mitgenommen haben. Der Mann läuft dem Dieb nach, holt ihn ein und nimmt ihm seine Uhr ab.
»Jankiel«, sagt er, »ich versteh es nicht. Meinen Beutel mit hundert Rubeln haste mir zurückgebracht und die silberne Uhr, die ist nicht mehr als zehn Rubel wert, die haste gestohlen!«
Darauf sagt der Jankiel:
»Das kann ich Ihnen erklären. Gefundenes wiederbringen, ist eine gottgefällige Tat, eine Mizwe; nu, so hab ich Ihren Beutel mit dem Geld gebracht, aber stehlen, das ist doch mein Geschäft!«

Ein Jude klopft kräftig auf die Schulter eines Passanten:
»Rosenblum, alter Freund, wie geht es dir?«
Da dreht sich der Mann um und schaut ihn böse an.
»Oh, entschuldigen Sie«, sagt der Jude, »ich dachte Sie sind mein Freund Rosenblum ...«
»Hören Sie, wenn ich auch Rosenblum wäre, wie kann man jemandem so kräftig auf die Schulter klopfen!«
»Was geht Sie denn an, wie ich mich gegenüber meinen Freund Rosenblum benehme.«

Ein Jude spricht einen Mann auf der Straße an:
»Süßkind, was ist los mit Ihnen? Früher waren Sie klein, nun sind Sie groß, früher waren Sie dick, jetzt sind Sie mager, früher hatten Sie eine Glatze, jetzt haben Sie lange Haare, früher ...«
»Ich heiße doch gar nicht Süßkind«, unterbricht ihn der Passant.
»Was? Süßkind heißen Sie auch nicht mehr?«

Ein Tourist aus den USA geht in Tel Aviv spazieren. Auf der Promenade am Meer sieht er ein wunderschönes Mädchen. Er lächelt ihr zu. Sie antwortet mit einem entzückenden Lächeln. Also wagt er sie anzusprechen: »What is your name?« fragt er.
»Ich nehm 50 Pfund.«

Ein österreichischer Baron ist in Geldschwierigkeiten geraten. Was tut man? Man geht zu einem jüdischen Bankier. Die Wahl fiel auf dem Bankier Goldberger. Der etwas hochnäsige Edelmann läßt recht deutlich seine Abneigung gegen seinen Gesprächspartner spüren:
»Nun, sehen Sie Herr Geldborger ...«
»Herr Baron«, antwortet der Bankier, »wenn Sie nichts zu versetzen haben, außer meinen Namen, ein Geschäft werden wir da leider nicht machen können.«

Schlojme ist als »Philosoph« bekannt. Jede Gelegenheit nutzt er zu talmudischen Meditationen. Eines Tages fängt er in seinem Bett einen Floh. Er hält ihn vorsichtig zwischen den Fingerspitzen und beginnt über den Fall nachzudenken. Schließlich sagt er:
»Floh ... Floh, ich versteh dich nicht, biste gesund, was willste im Bett? Biste krank, was huppste?«

Der arme Dorfschneider Leisor hat seinen ältesten Sohn aufs Gymnasium und dann nach Wien zur Universität geschickt, obwohl dies eigentlich seine finanziellen Möglichkeiten überstieg.
Nun kommt der Student aus Wien während der Semesterferien zu Besuch nach Hause. Der Vater ist stolz auf seinen Sohn und fragt ihn:
»Jankiele, sag dem Papa, was studierst du eigentlich in Wien?«
»Philosophie.«
»Philosophie«, fragt Lejsor enttäuscht, »was ist das? Was hat das für's Nutzen?«
Der Sohn lächelt überlegen.
»Wie soll ich dir das erklären. Mit Hilfe der Philosophie kann man alles beweisen. Zum Beispiel, daß du gar nicht hier bist.«
»Wieso«, fragt der erstaunte Vater, »ich bin nicht hier, in unserem Dorf Piaski, ich sitz nicht mir dir am Tisch?«
»Also, sage Vater, biste in Krakau?«
»Nein, ich bin nicht in Krakau.«
»Also«, doziert der Sohn, »wenn du nicht in Krakau bist, bist du doch anderswo, stimmt das?«
»Nu gut, also ich bin anderswo, und was weiter?«
»Wenn du anderswo bist, kannst du doch nicht in Piaski sein, folglich bist du auch nicht hier.«
Da springt Leisor auf und versetzt dem Studenten zwei schallende Ohrfeigen.
»Vater, warum schlägst du mich?«
»Ich schlag dich? Wie kannste sowas sagen, ich bin doch nicht hier, hast du doch selber mit deiner Philosophie bewiesen.«

Ein armer Jude verdiente sein Geld mit Nachtwachen bei verstorbenen Glaubensgenossen. Eines Tages kommt er in ein Trauerhaus und bietet seine Dienste an.
»Was verlangen Sie für eine Nacht?«
»Ich habe zu bekommen zwanzig Mark.«
»Zwanzig Mark, so viel? Der alte Scholem nimmt dafür aber nur zehn Mark.«

»Was? Zehn Mark, das ist für Scholem auch genug, aber bitte schön, bedenken Sie den Unterschied: seine Nacht und meine Nacht.«

Personenregister

David Ben Gurion, eigentlich Gruen (1886–1973), Schöpfer des Staates Israel, einer der Führer der Weltzionistischen Bewegung und der israelischen Arbeiterpartei (Mapaij), Präsident der Jewish Agency und der Weltzionistischen Exekutive (1935–1949), Ministerpräsident Israels 1948–1953 und 1955–1963. Autor zahlreicher Bücher, Broschüren und Aufsätze.

Rabbi Elieser (Elia) Ben Salomo, der Wilnaer Gaon (1720–1797) Talmudgelehrter, Vater wissenschaftlicher Talmudforschung. Einer der schärfsten Gegner des mystischen Chassidismus.

Jizchak Ben Zwi, eigentlich Schimschelewitsch (1884–1963), einer der Gründer der sozialistisch-zionistischen Partei Poalej Zion, seit 1907 in Palästina. Nach dem Tode Chaim Weizmanns wurde er zweiter Präsident des Staates Israel (1952). Er wurde zweimal als Präsident wiedergewählt (1957 und 1962).

Theodor Herzl (1860–1904), Gründer des Zionismus. Herzl stammte aus einer assimilierten Familie und war Pariser Korrespondent der Neuen Freien Presse. Er erlebte den Dreyfus-Prozeß, was zu einer Wende seines Lebens beigetragen hat. Er widmete sein Leben dem politischen Zionismus und wurde der erste Führer der Weltzionistischen Organisation. Herzl hat die politischen und ideologischen Grundlagen des modernen Zionismus in seinen Werken formuliert (»Der Judenstaat«, »Altneuland«). Herzl war auch Autor literarischer Werke, Dramen, Romane, etc.

Rabbi Jakob Krantz, der Dubner Magid, Prediger (1741–1804), volkstümlicher Prediger, bekannt wegen seiner Parabeln, Geschichten und seinem Wissen. Seine Parabeln hat er im Buch »Ohel Jaakow (Zelt Jakobs)« veröffentlicht.

Max Liebermann (1847–1935), weltbekannter deutsch-jüdischer Maler und Grafiker, 1920–1933 Präsident der Preußischen Akademie der Künste. Nach der NS-Machtübernahme abgesetzt.

Golda Meir, eigentlich Meyerson, geb. 1898 in Kiew, seit 1906 in USA, seit 1921 in Palästina, tätig in der jüdischen Arbeiterbewegung in den USA und Palästina, eine der Führerin der zionistischen Arbeiterpartei (Mapaj). Führendes Mitglied der Gewerkschaften und der Jewish Agency. Erste Gesandte Israels in der Sowjetunion. Seit 1950 Arbeitsminister, seit 1956 Außenminister, 1969–1975 Ministerpräsidentin Israels.

Max Nordau, eigentlich Südfeld (1849–1913), Arzt, Schriftsteller, Politiker. Mitarbeiter Theodor Herzls und Mitbegründer der modernen zionistischen Bewegung. Nordau war auch erfolgreicher Dramen- und Romanautor.

Henry John Palmerston (1784–1865), englischer Staatsmann und Politiker, mehrmaliger Minister, seit 1855 Ministerpräsident Großbritanniens.

Artur Rubinstein, (1886–1982), weltbekannter Pianist.

Moritz Gottlieb Saphir (1795–1858), satirischer Schriftsteller und Humorist, Herausgeber und Redakteur der Zeitschrift »Der Humorist« in Wien. Seine gesammelten Werke erschienen in den Jahren 1887–1888 in 26 Bänden.

Rabbi Schamai und *Rabbi Hillel,* Gelehrte aus der Zeit des Königs Herodes. Sie waren beide Gründer zweier rivalisierenden philosophischen Richtungen. Auch ihre philosophische Interpretation der Thora war unterschiedlich. In der Rivalität spielten auch ihre persönlichen Eigenschaften eine bedeutende Rolle. Rabbi Schamai war ungeduldig, jähzornig, Rabbi Hillel war wegen seiner Güte, Geduld und Barmherzigkeit bekannt.

Salman Schasar Schneur, eigentlich Rubaschow (1889–1974), führender israelischer Politiker, langjähriger Redakteur der Gewerkschaftszeitung »Davar«. Seit 1963 Präsident des Staates Israel.

Moshe Sharet, eigentlich Schertok (1894–1965), ein führendes Mitglied der sozialistisch-zionistischen Arbeiterbewegung, seit 1906 in Palästina, 1948 bis 1956 Außenminister Israels, seit 1960 Präsident der Jewish Agency. Verfasser vieler literarischer und politischer Werke.

Baruch Spinoza (1632–1677), großer jüdischer Philosoph aus einer aus Spanien stammenden Familie, die in Amsterdam gelebt hat. Spinoza verfaßte Werke über Philosophie und Ethik und hat einen großen Einfluß auf das europäische Denken ausgeübt. Wegen seiner ketzerischen Anschauung wurde er von den Rabbinern verfemt und verflucht, was er mit großer Würde ertrug.